English Graphics Grow-up
Vocabulary

한번 보면 바로 생각나는
★   ★   ★
영단어

한번보면 바로 생각나는

영단어

발 행 2023년 1월 10일

발행인 이재명
발행처 삼지사

등록번호 제406-2011-000021호
주 소 경기도 파주시 산남로 47-10
Tel 031)948-4502, 948-4564
Fax 031)948-4508

ISBN 978-89-7358-435-2 (13740)

책값은 뒤표지에 있습니다.

이 교재의 내용을 사전 허가없이 전재하거나 복제할 경우 법적인
제재를 받게 됨을 알려드립니다.
잘못된 책은 구입하신 서점에서 교환해 드립니다.

English Graphics Grow-up
Vocabulary

한번보면 바로 생각나는

SAMJI BOOKS

한번 보면 바로 생각나는 영단어는?

한국어를 제법 유창하게 구사하는 외국인들을 보면 십중팔구는 하나 같이 작은 수첩을 가지고 있습니다. 그 수첩은 바로 단어장입니다. 그들이 말하는 한국어 정복의 비결은 기본적인 문법 지식과 어휘력이었습니다. 단어를 많이 알게 되면 그 외국어의 반은 정복된 것이나 마찬가지입니다. 그렇지만 지금껏 수도 없이 단어 암기에 도전했지만 도전한 횟수만큼이나 많은 실패를 겪었습니다. 한번 보면 바로 생각나는 영단어는 이미지와 단어의 직관적인 결합을 통해 암기가 아닌 이해가 되도록 구성했습니다. 암기가 아닌 이해로 단어 학습의 패러다임을 바꿔 놓은 것입니다. 더욱이 영어에 관해서는 아주 초보인 학습자를 위해 단어마다 한국어 음을 달아 따라 읽다 보면 어느새 발음도 교정될 수 있도록 준비해 놓았습니다.

English Graphics Grow-up Vocabualry 한번 보면 바로 생각나는 영단어는 다시는 여러분을 실패로 이끌지 않는 영단어집의 새로운 트랜드입니다.

이 책의 구성

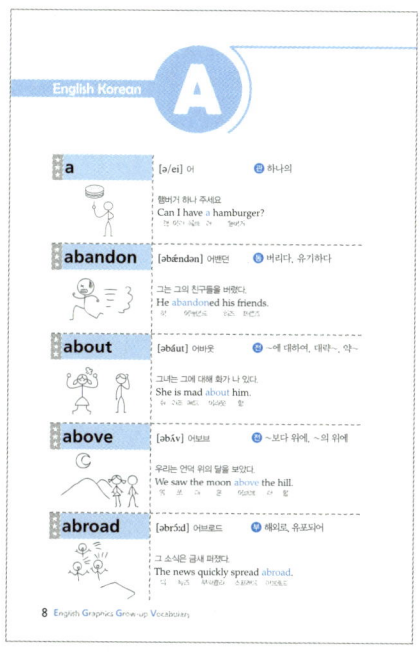

표제어 : 정말 기초적인 단어 2,016개의 단어를 수록했습니다.

그래픽 가이드 : 직관적으로 단어나 문장의 의미를 이해할 수 있도록 이미지를 제공합니다.

한국어 발음 : 아주 초보를 위한 한국어 발음 토씨. 따라 읽다 보면 자연스레 영어 발음도 교정되고 리스닝 훈련도 되는 일석이조의 효과를 보입니다. 단어와 문장 모두에 달아 놓았습니다.

단어의 품사 : 동사, 명사, 형용사들의 머리글자만 활용했습니다.

우리 말 예문과 영어 예문 : 우리말부터 먼저 이해하고 영어 문장을 이해하는 L1 → L2 방식으로 구성했습니다. 대표성과 실용성을 갖추기 위해 학습자가 가장 쉽게 그리고 빈번하게 접하는 사전들의 예문과 실용적인 문장 만을 골랐고 편리한 학습을 위해 가능한 한 단문을 사용했습니다.

이 책의 편리한
사용 팁 하나!

아무리 기억력이 좋아도 한번에 단어를 암기할 순 없습니다. 표제어 옆의 별표를 활용하세요.

예를 들어 A, B, C 항목까지 한번 훑어 본 후 다시 A 항목으로 돌아와서 단어를 살펴 보십시오. 기억에 떠오르면 별표를 채우지 말고 그렇지 않으면 별표를 채우고 한번 더 단어의 뜻과 예문을 익히세요. 이렇게 두 번째가 지나가고 D, E, F 항목까지 한번 본 뒤 다시 A로 돌아와 이번엔 별표에 표시된 단어를 보고 앞의 요령과 마찬가지로 학습하세요.

이런 과정을 모두 거치면 여러분은 적어도 3번은 단어들을 이해하는 과정을 겪는 것이며 아마도 2,016 개의 영단어가 여러분에게 거의 무의식적으로 체득되어 있을 거에요.

순서

A : 165 words	....	P. 8
B : 123 words	....	P. 35
C : 200 words	....	P. 55
D : 117 words	....	P. 88
E : 96 words	....	P. 108
F : 121 words	....	P. 124
G : 56 words	....	P. 142
H : 75 words	....	P. 152
I : 68 words	....	P. 165
J : 14 words	....	P. 177
K : 18 words	....	P. 180
L : 70 words	....	P. 183
M : 90 words	....	P. 194
N : 48 words	....	P. 209
O : 48 words	....	P. 218
P : 98 words	....	P. 227
Q : 10 words	....	P. 244
R : 66 words	....	P. 246
S : 257 words	....	P. 257
T : 122 words	....	P. 296
U : 24 words	....	P. 316
V : 29 words	....	P. 320
W : 86 words	....	P. 325
X : 2 words	....	P. 339
Y : 11 words	....	P. 340
Z : 2 words	....	P. 342

English Korean

a
[ə/ei] 어   관 하나의

햄버거 하나 주세요
Can I have a hamburger?
캔 아이 해브 어 햄버거

abandon
[əbǽndən] 어밴던   동 버리다, 유기하다

그는 그의 친구들을 버렸다.
He abandoned his friends.
히 어밴던드 히즈 프랜즈

about
[əbáut] 어바웃   전 ~에 대하여, 대략~, 약~

그녀는 그에 대해 화가 나 있다.
She is mad about him.
쉬 이즈 매드 어바웃 힘

above
[əbʌ́v] 어보브   전 ~보다 위에, ~의 위에

우리는 언덕 위의 달을 보았다.
We saw the moon above the hill.
위 쏘 더 문 어보브 더 힐

abroad
[əbrɔ́ːd] 어브로드   부 해외로, 유포되어

그 소식은 금새 퍼졌다.
The news quickly spread abroad.
더 뉴스 쿠익클리 스프래드 어브로드

absence

[ǽbsəns] 앱센스   명 불참, 결석, 멍함, 멍해 있음

그는 가끔 멍해 있다.
He has fits of absence.
히 해즈 핏즈 오브 앱센스

absolute

[ǽbsəlùːt] 앱솔루트   형 절대적인, 완전한

그것이 절대 진리이다.
That is the absolute truth.
댓 이즈 더 앱솔루트 트루쓰

absorb

[əbsɔ́ːrb] 어브졸브   동 흡수하다, 빨아들이다

마른 모래는 물을 빨아들인다.
Dry sand absorbs water.
드라이 샌드 어브졸브스 워터

abuse

[əbjúːs] 어뷰즈   명 남용, 악용, 욕설

그들은 직권을 남용하고 있다.
They are abusing their authority.
데이 아 어뷰징 데어 아쏘리티

academic

[æ̀kədémik] 아카데믹   형 학구적인, 이론적인, 대학의

너의 학위는 뭐니?
What is your academic degree?
왓 이즈 유어 아카데미 디그리

accept

[əksépt] 액셉트   동 수락하다, 받아들이다

그 사절은 제시된 조건을 수락했다.
The envoys accepted of the terms offered.
더 앤보이스 액셉티드 오브 더 텀즈 오퍼드

A

acceptable
[əkséptəbl] 액쎕터블
형 받아들일 수 있는, 만족스러운, 마음에 드는

절대 있을 수 없는 일이다.
That is not acceptable.
댓 이즈 낫   액쎕터블

access
[ǽksès] 액쎄스
명 접근, 면회, 출입, 입수, 이용

그는 접근하기 어려운 사람이다.
He is a man of difficult access.
히 이즈어 맨 오브 디피컬트   액쎄스

accident
[ǽksidənt] 액씨던트
명 사고, 재난, 고장, 재해

사고는 생기게 마련이다.
Accidents will happen.
액씨던트   윌   해픈

accommodate
[əkάmədèit] 어코모데이트
동 숙박시키다, 수용하다, 설비가 있다

그 호텔은 설비가 좋다.
The hotel is well accommodated.
더   호텔   이즈 웰   어코모데이티드

accompany
[əkʌ́mpəni] 어컴페니
동 동반하다, 동행하다, 함께 가다

난 친구를 동반했었다.
I was accompanied by a friend.
아이 워즈   어컴패니드   바이 어 프렌드

accord
[əkɔ́ːrd] 어코드
동 일치, 조화, 화합 하다

그의 주의는 내 주의와 일치하지 않았다.
His principles did not accord with mine.
히즈   프린씨플즈   디드 낫   어코드   위드 마인

10 English Graphics Grow-up Vocabulary

account
[əkáunt] 어카운트　　**명** 설명, 기술, 기사

사람에 따라 말이 다르다.
Accounts differ.
어카운츠　디퍼

accurate
[ǽkjərit] 애큐래이트　　**형** 정확한, 한치의 오차도 없는

내 계산은 정확했다.
My calculation was accurate.
마이　캘큘래이션　워즈　아큐래이드

accuse
[əkjúːz] 아큐즈　　**동** 비난하다, 책망하다

그들은 그가 뇌물을 받았다고 비난했다.
They accused the man of taking bribes.
데이　아큐즈드　더　맨　오브 테이킹　브라이브즈

ache
[eik] 애이크　　**동** 아프다, 쑤시다, ~하고 싶어 못 견디다

김양이 당신을 몹시 만나고 싶어 해요.
Miss Kim aches to see you.
미쓰　킴　애이크스 투 씨 유

achieve
[ətʃíːv] 애치브　　**동** 이루다, 성취하다, 달성하다

우리는 승리를 거뒀다.
We achieved victory.
위　애치브드　빅토리

acid
[ǽsid] 애씨드　　**형** 산성의, **명** 산, 신랄함

그는 아미노산을 분리했다.
He has isolated an amino acid.
히　해즈 아이쏠래이티드 언　아미노　애씨드

한번 보면 바로 생각나는 영단어 **11**

acknowledge

[əknάlidʒ] 액놀로지

동 인정하다, 진실임에 동의하다

그는 자기의 패배를 인정하지 않았다.
He did not acknowledge himself defeated.
히 디드 낫 액놀로지 힘셀프 디피티드

acquire

[əkwáiər] 아콰이어

동 취득하다, 획득하다, 습득하다

나는 세가지 외국어를 습득했다.
I have acquired three foreign languages.
아이 해브 아콰이어드 쓰리 포린 랭귀지스

across

[əkrɔ́:s] 어크로스

전 ~을 가로질러, ~을 횡단하여, ~의 맞은편으로

난 너의 길 맞은편에 사는 이웃이다.
I'm your neighbor living across the street.
아이엠 유어 네이버 리빙 어크로스 더 스트릿

act

[ækt] 엑트

동 행동하다, 행동, 행위

나는 생각이 없이 행동한다.
I act without thinking.
아이 엑트 위드아웃 씽킹

active

[ǽktiv] 액티브

형 활동적인, 활발한, 적극적인, 의욕적인

시장은 활발하다.
The market is active.
더 마켓 이즈 액티브

actor

[ǽktər] 엑터

명 영화배우

그는 유명한 영화배우 이다.
He is a famous actor.
히 이즈 어 페이머스 엑터

actual

[ǽktʃuəl] 액츄얼 　🅗 현실의, 실제상의, 사실상의

영화 속 남자는 실재 인물이다.
The guy from the movie is an actual person.
더 가이 프럼 더 무비 이즈 언 액츄얼 펄슨

adapt

[ədǽpt] 어댑트 　🅓 적응시키다

방법을 상황에 적합 시켜야 한다.
You must adapt method to circumstances.
유 머스트 어댑트 메쏘드 투 썰컴스탄씨스

add

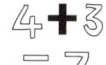

[æd] 애드 　🅓 더하다, 보태다, 추가하다

4 더하기 3은 7.
Three added to four makes seven.
쓰리 애디드 투 포 매이크스 세븐

address

[ədrés] 어드레스 　🅝 주소, 연설

당신의 주소를 알려 주세요.
Give me your address.
기브 미 유얼 어드레스

adequate

[ǽdəkwit] 아데쿼트 　🅗 알맞은, 어울리는, 적당한

그녀는 그 일에 적임이 아니다.
She isn't adequate for the task.
쉬 이즌트 아데쿼트 포 더 태스크

adjust

[ədʒʌ́st] 어드저스트 　🅓 조절하다, 맞추다, 바로잡다

그는 망원경을 내 눈에 맞도록 맞춰주었다.
He adjusted a telescope to my eyes for me.
히 어드저스티드 어 텔레스콥 투 마이 아이즈 포 미

A

admire

[ədmáiər] 어드마이어 **동** 감탄하다, 경애하다, 동경하다

그의 뻔뻔스러움에 감탄 안 할 수 없다.
I admire his impudence.
아이 어드마이어 히즈 임퓨든스

---

admit
[ədmít] 어드밋 **동** 늘이다, 넣다

이 표로 두 사람이 입장할 수 있다.
This ticket admits two persons.
디스 티켓 어드밋즈 투 펄슨스

---

adopt
[ədápt] 어답트 **동** 양자, 양녀로 삼다

우리는 그 아이를 가족의 일원으로 삼았다.
We adopted the child into the family.
위 어답티드 더 차일드 인투 더 패밀리

---

adult
[ədʌ́lt] 어덜트 **형** 어른의, 성인의, 어른스러운

그것들은 성인용 영화이다.
Those are adult movies.
도즈 아 어덜트 무비즈

---

advance
[ədvǽns] 어드밴스 **동** 승진시키다, 진격시키다, 진보시키다

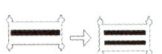
그는 중위에서 대위로 승진했다.
He has been advanced from lieutenant to captain.
히 해즈 빈 어드밴스드 프럼 리테넌트 투 캡틴

---

advantage
[ədvǽntidʒ] 어드밴태지 **명** 이익, 득, 유리

나는 그보다 유리한 입장이 되었다.
I have gained an advantage over him.
아이 해브 게인드 언 어드밴태지 오버 힘

adventure

[ədvéntʃər] 어드밴처 **명** 모험, 모험심

난 모험 소설이 좋다.
I love the stories of adventure.
아이 러브 더 스토리즈 오브 어드밴처

advice

[ədváis] 어드바이스 **명** 충고, 조언, 권고

난 이 문제에 대한 조언을 원한다.
I want an advice on this matter.
아이 원트 언 어드바이스 온 디스 매터

affair

[əfɛ́ər] 어페어 **명** 사건, 일, 사무

네 할 일이나 해라.
Attend to your own affair.
어텐드 투 유어 온 어페어

affect

[ǽfekt] 어펙트 **동** 작용하다, 악영향을 미치다

걱정은 건강을 해친다.
Care affects the health.
케어 어펙츠 더 헬쓰

afford

[əfɔ́ːrd] 어포드 **동** ~할 수 있다, 할 여유가 있다

그는 도저히 매일 밤 갈 수가 없었다.
He could not afford to go every night.
히 쿠드 낫 어포드 투 고 에브리 나잇

afraid

[əfréid] 어프래이드 **형** 두려워하여, 무서워하여

그녀는 뱀을 몹시 무서워한다.
She is much afraid of snakes.
쉬 이즈 마취 어프래이드 오브 스내익스

after
[ǽftər] 에프터   튀 ~뒤에, ~다음에

난 집에 온 다음에 항상 손을 씻는다.
I always wash my hands after I get home.
아이 올웨이스 워시 마이 핸즈 에프터 아이 겟 홈

afternoon
[ǽftərnúːn] 에프터눈   명 오후

나는 오늘 오후에 휴식시간이 있다.
I have a break this afternoon.
아이 해브 어 브레이크 디스 에프터눈

again
[əgén] 어게인   튀 또, 다시 한 번

다시 시도해 보자.
Let's try it again.
렛츠 트라이 잇 어게인

against
[əgénst] 어게인스트   전 ~에 반대하여, 반항하여

거기에 찬성이요, 반대요?
Are you for or against it?
아 유 포 오 어게인스트 잇

age
[eidʒ] 에이지   명 나이, 연령

그녀는 몇 살이지?
What is her age?
왓 이즈 헐 에이지

agency
[éidʒənsi] 에이전씨   명 대리점, 특약점, 대행 회사, 알선소

그는 광고 대리점을 운영한다.
He runs an advertising agency.
히 런즈 언 어드버타이징 에이전씨

agent

[éidʒənt] 에이전트   명 대리인, 대행자, 특약점, 중개상

그녀는 나의 특허 변리사이다.
She is my patent agent.
쉬 이즈 마이 페이턴트 에이전트

aggressive

[əgrésiv] 어그레시브   형 침략적인, 공격적인, 공세의

공격적인 나라들은 세계 평화를 위협한다.
Aggressive nations threaten world peace.
어그레시브 내이션스 뜨래튼 월드 피스

ago

[əgóu] 어고   부 ~전에

그것은 은 몇 년 전이다.
That was a few years ago.
댓 워스 어 퓨 이얼스 어고

aid

[eid] 애이드   동 돕다, 거들다, 원조하다

그녀는 내가 요리하는 것을 거들어 주었다
She aided me to cook.
쉬 애이디드 미 투 쿡

aim

[eim] 애임   동 겨누다

그 말은 그를 보고 한 말이었다.
That remark was aimed at him.
댓 리마크 워즈 애임드 엣 힘

air

[ɛər] 에어   명 공기, 공중

맑은 공기가 필요해요.
I need a bit of fresh air.
아이 니드 어 빗 오브 프레쉬 에어

aircraft
[ɛ́ərkræft] 애어크래프트 **명** 항공기

그들은 그 박스를 항공기로 운반하였다.
They delivered the box by aircraft.
데이 델리버드 더 박스 바이 애어크래프트

airplane
[ɛ́ərplèin] 에어플레인 **명** 비행기

조종사가 비행기를 조종한다.
A pilot flies an airplane.
어 파일럿 플라이스 언 에어플레인

airport
[ɛ́ərpɔ̀ːrt] 에어포트 **명** 공항, 비행장

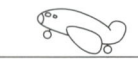

그 비행기는 공항에 착륙하고 있다
The airplane is landing at the airport.
더 에어플레인 이즈 랜딩 엣 더 에어포트

album
[ǽlbəm] 앨범 **명** 앨범, 사진첩

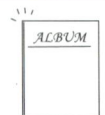

나는 내 사진들을 넣을 사진첩이 필요하다.
I need an album to put my pictures in.
아이 니드 언 앨범 투 풋 마이 픽쳐스 인

alike
[əláik] 어라이크 **부** 마찬가지로, 같게, 동등하게

그들은 꼭 같다.
They are just alike.
데이 아 저스트 어라이크

alive
[əláiv] 얼라이브 **형** 살아 있는, 활발한

그녀가 나타나자 파티는 활기를 띠었다.
The party came alive when she showed up.
더 파티 캐임 얼라이브 웬 쉬 쇼드 업

all
[ɔːl] 올   형 모든, 모두, 전부

내가 가진 돈은 이것뿐이다.
This is all the money I have.
디스 이즈 올 더 머니 아이 해브

allow
[əláu] 얼라우   동 허락하다, 허가하다

이곳에서는 흡연이 허락되지 않습니다.
Smoking is not allowed here.
스모킹 이즈 낫 얼라우드 히어

along
[əlɔ́(ː)ŋ] 얼롱   전 ~을 따라서

나는 친구들을 따라서 가겠다.
I will go along with my friends.
아이 윌 고 얼롱 위드 마이 프렌즈

aloud
[əláud] 얼라우드   부 소리 내어, 큰 소리로

그녀는 큰 소리로 울기 시작했다.
She started crying aloud.
쉬 스타티드 크라잉 얼라우드

already
[ɔːlrédi] 얼레디   부 이미, 벌써

벌써 그를 만났다.
I have already seen him.
아이 해브 얼레디 씬 힘

also
[ɔ́ːlsou] 얼쏘   부 또한, 역시, 게다가

캔디도 거기서 팔고 있다.
Candy is also sold there.
캔디 이즈 얼쏘 솔드 데어

한번 보면 바로 생각나는 영단어 19

A

alter

[ɔ́:ltər] 알터   동 변경하다, 바꾸다

우리는 침로를 북으로 바꿨다.
We altered the course to the northerly direction.
위 알터드 더 코스 투 더 노덜리 디렉션

alternative

[ɔltə́:rnətiv] 얼터내이티브   명 둘 중에서의 선택, 양자택일

죽음이냐 항복이냐 둘 중의 하나이다.
The alternatives are death and submission.
더 알터내이티브스 아 데쓰 앤 서브미션

although
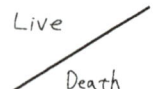
[ɔ:lðóu] 얼도   접 비록 ~일지라도, ~이기는 하지만

그는 나이는 많아도 아주 정정하다.
Although he is old, he is quite strong.
얼도 히 이즈 올드 히 이즈 콰잇 스트롱

altogether

[ɔ̀:ltəgéðər] 올투게더   부 전적으로, 완전히, 전혀

아주 거짓말은 아니다.
That is not altogether false.
댓 이즈 낫 올투게더 포스

always
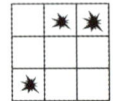
[ɔ́:lweiz] 올웨이스   부 항상, 언제나

그는 학교에 항상 늦게 온다.

He always comes late to the school.
히 올웨이스 컴스 래잇 투 더 스쿨

amaze

[əméiz] 어매이즈   동 몹시 놀라게 하다, 놀라다

이 캠페인은 많은 이들을 놀라게 한다.
This campaign strikes amazement into men.
디스 캠패인 스트라이크스 어매이즈 인투 멘

ambition

[æmbíʃən] 앰비션   **명** 큰 뜻, 대망, 공명심, 포부, 명예심, 패기, 열망

그는 위대한 정치가가 되겠다는 대망을 품고 있었다.
He had the high ambition to be a great statesman.

among

[əmʌ́ŋ] 어몽   **전** ~사이에, ~가운데

그녀가 그들 가운데 가장 어렸다.
She was the youngest among them.

amount

[əmáunt] 어마운트   **명** 총액, 총계

연간 순이익금이 1,000만 달러에 달한다.
The annual net profit amounts to ten million dollars.

amuse

[əmjúːz] 어뮤즈   **동** 재미있게 하다, 웃기다

그 농담에 우리는 모두 웃었다.
The joke amused all of us.

an

[ən] 언   **관** 하나의

난 도시락 통에 하나의 사과가 있다.
I have an apple in my lunchbox.

analysis

[ənǽləsəs] 어날리시스   **명** 분석, 해석, 분해

그들은 독물을 분석했다.
They made an analysis of the poison.

ancient
[éinʃənt] 앤쟈이언트　　형 고대의, 먼 옛날의, 태곳적의

그것은 고대의 관습이다.
That is an ancient custom.
댓 이즈 언 앤쟈이언트 커스텀

and
[ənd] 엔드　　접 그리고, ~와

난 우리 엄마와 아빠를 사랑한다.
I love my mom and dad.
아이 러브 마이 맘 엔드 데드

anger
[ǽŋgər] 앵거　　명 노여움, 성, 화

그는 화가 치밀어 오르는 것을 느꼈다.
He felt the anger rise in him.
히 펠트 디 앵거 라이즈 인 힘

angle
[ǽŋgl] 앵글　　명 각도, 견지, 관점

그는 그 문제를 오로지 자신의 입장에서 바라보았다.
He looked at the problem only from his own angle.
히 룩드 앳 더 프라블럼 온니 프럼 히즈 온 앵글

angry
[ǽŋgri] 엥그리　　형 화난, 성난

나는 내 친구에게 매우 화가나 있었다.
I was so angry at my friend.
아이 워즈 소 엥그리 엣 마이 프렌드

animal
[ǽnəməl] 에니멀　　명 동물, 짐승

동물원은 동물들을 보기에 가장 좋은 곳이다.
The zoo is the best place to see animals.
더 주 이즈 더 베스트 플레이스 투 씨 에니멀스

anniversary
[ǽnəvə́ːrsəri] 애너벌서리 명 기념일

내일은 나의 부모님의 결혼 기념일이다.
Tomorrow is my parent's wedding anniversary.
투마로 이즈 마이 패런츠 웨딩 애너벌서리

announce
[ənáuns] 어나운스 동 알리다, 발표하다, 공고하다

그녀는 친구들에게 결혼한다고 발표했다.
She has announced her marriage to her friends.
쉬 해즈 어나운스드 헐 매리지 투 헐 프렌즈

annoy
[ənɔ́i] 어노이 동 성가시게 굴다, 약 오르게 하다

넌 정말 귀찮다.
You are so annoying.
유 아 쏘 어노잉

annual
[ǽnjuəl] 애뉴얼 형 1년의, 1년에 걸치는

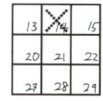

이것은 매년 돌아오는 행사이다.
This is an annual event.
디스 이즈 언 애뉴얼 이벤트

answer
[ǽnsər] 앤썰 명 대답, 대답하다

너의 대답은 틀렸다.
Your answer is wrong.
유어 앤썰 이즈 롱

anxiety
[æŋzáiəti] 앵자이어티 동 걱정, 근심, 불안

그녀는 걱정이 태산 같다.
She is all anxiety.
쉬 이즈 올 앵자이어티

anxious
[ǽŋkʃəs] 앵셔스   형 걱정하는, 근심하는, 불안한

그의 건강이 걱정스럽다.
I'm anxious about his health.
아이엠 앵셔스 어바웃 히즈 헬쓰

any
[əni] 에니   형 이떤, 무슨, 무언가

무슨 문제 있니?
Do you have any problem?
두 유 헤브 에니 프러블럼

anybody
[énibàdi] 애니바디   대 누구든지, 아무라도, 아무나

아무라도 그것은 할 수 있다.
Anybody can do that.
애니바디 캔 투 댓

anyone
[éniwʌ̀n] 애니원   대 누군가, 누가

누군가 내 질문에 대답할 수 있느냐?
Can anyone answer my question?
캔 애니원 앤써 마이 퀘스쳔

anywhere
[énihwɛ̀ər] 애니웨어   부 어디든지

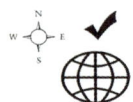

어디든지 가도 좋다.
You can go anywhere.
유 캔 고 애니웨어

apart
[əpá:rt] 어파트   부 별개의, 독특한

영국인은 독특한 국민이다.
The English are a nation apart.
디 잉글리쉬 아 어 내이션 어파트

24 English Graphics Grow-up Vocabulary

apartment
[əpάːrtmənt] 아파트먼트　**명** 아파트

내 아파트 열쇠를 너에게 주겠다.
I will give you the key to my apartment.
아이 윌　기브　유　더 키 투 마이 아파트언트

apologize
[əpάlədʒàiz] 어폴로자이즈　**동** 사과하다, 사죄하다

기분을 상하게 해드렸다면 사과드립니다.
If I have offended you, I apologize.
이프 아이 해브　오펜디드　유　아이 어폴로자이즈

apparent
[əpǽrənt] 어패런트　**형** 명백한, 분명한

그것은 누구에게나 아주 명백하다.
It is quite apparent to everybody.
잇 이즈 콰잇　어패런트　투　애브리바디

appeal
[əpíːl] 어필　**동** 애원하다, 간청하다, 빌다

그들은 그에게 원조를 간청했지만 소용이 없었다.
They appealed to him in vain for help.
데이　어필드　투　힘　인 배인 포 헬프

appear
[əpíər] 어피어　**동** 나타나다

해가 지평선 위에 나타났다.
The sun appeared on the horizon.
더 썬　어피어드　온　더　호라이즌

apple
[ǽpl] 에플　**명** 사과

사과는 내가 제일 좋아하는 과일이다.
Apples are my favorite fruit.
에플스　아 마이　페이버릿　푸룻

한번 보면 바로 생각나는 영단어　25

apply
[əplái] 어플라이 　　동 ~할 것을 신청하다

그는 귀국을 신청했다
He applied to go back.
히 어플라이드 투 고 백

appoint
[əpɔ́int] 어포인트 　　동 임명하다

그는 그 임무를 수행하도록 나를 임명했다.
He appointed me to do the duty.
히 어포인티드 미 투 두 더 듀티

appreciate
[əpríːʃièit] 어프리시에이트 　　동 고맙게 생각하다

도와주신 데 대해 감사드립니다.
I appreciate your help.
아이 어프리시애이트 유어 헬프

approach
[əpróutʃ] 어프로치 　　동 이야기를 꺼내다, ~와 교섭하다

그는 일자리를 구하려고 지배인과 만나보았다.
He approached the manager for a job.
히 어프로치드 더 매니저 포 어 잡

appropriate
[əpróupriət] 어프로프리에트 　　동 착복하다, 횡령하다

아무도 공공의 이익을 독차지 못하게 해야 한다.
Let no one appropriate a common benefit.
렛 노 원 어프로프리애이트 어 코몬 베네핏

approve
[əprúːv] 어푸르브 　　동 찬성하다, 좋다고 인정하다

당신의 계획에 찬성한다.
I approve your plan.
아이 어푸르브 유어 플랜

approximate

[əprάksəmit] 어프록씨메이트 **동** 가까워지다, 가깝다, 거의 같아지다

그의 이야기는 진실에 가까웠다.
His account approximated to the truth.
히즈 어카운트 어프록씨매이티드 투 더 트루쓰

area

[ɛ́əriə] 애어리아 **명** 범위, 부분

난 그 그림의 어두운 부분이 좋다.
I like the dark areas in the painting.
아이 라이크 더 다크 애어리아즈 인 더 페인팅

argue

[άːrgjuː] 알규 **동** 논하다, 논의하다

그는 아버지와 그 일에 대해 논의하였다.
He argued with his father about the matter.
히 알규드 위드 히즈 파더 어바웃 더 매터

arise

[əráiz] 어라이즈 **동** 일어나다, 발생하다

심각한 문제가 발생했다.
A serious problem has arisen.
어 시리어스 프라블럼 해즈 어리즌

arm

[ɑːrm] 암 **명** 팔

네 팔에 있는 게 뭐지?
What's that on your arm?
왓스 댓 언 유얼 암

army

[άːrmi] 알미 **명** 육군

우리 오빠는 육군이다.
My brother is in the army.
마이 브라더 이즈 인 더 알미

around
[əráund] 어라운드   부 ~주위에, ~둘레에

내가 이 주위를 찾아볼게.
I will look around here.
아이 윌 룩 어라운드 히얼

arrange
[əréindʒ] 어래인지   동 정하다, 준비하다

다음 회합은 월요일 밤으로 정해졌다.
The next meeting has been arranged for
더 넥스트 미팅 해즈 빈 어래인지드 포
Monday evening.
먼데이 이브닝

arrest
[ərést] 어레스트   동 체포하다

형사는 그를 살인 혐의로 체포하였다.
The detective arrested the guy for murder.
더 디텍티브 어레스티드 더 가이 포 머더

arrive
[əráiv] 어라이브   동 도착하다

네 버스는 몇 시에 도착하니?
What time will your bus arrive?
왓 타임 윌 유얼 버스 어라이브

article
[áːrtikl] 아티클   명 물품, 물건, 품목

사모님, 또 무엇을 드릴까요?
What is the next article, madam?
왓 이즈 더 넥스트 아티클 마담

artificial
[àːrtəfíʃəl] 알티피셜   형 인공적인, 모조의, 인위적인

그녀는 억지 웃음을 지었다.
She put on an artificial smile.
쉬 풋 온 언 알티피셜 스마일

as
[əz] 애즈
부 ~만큼, ~할 때, ~하면서, ~로서

이것이 전만큼 좋지 않다.
It's not as good as it used to be.
잇츠 낫 애즈 굿 애즈 잇 유즈드 투 비

ashamed
[əʃéimd] 어쉐임드
형 부끄러워 ~하지 못하여, ~를 수치스럽게 여기는

부끄러워서 널 만나고 싶지 않다.
I am ashamed to see you.
아이 엠 어쉐임드 투 씨 유

aside
[əsáid] 어싸이드
부 곁에, 옆에, 떨어져서

난 내 가방을 옆에 두었다.
I put my bag aside.
아이 풋 마이 백 어싸이드

ask
[æsk] 에스크
동 묻다, 질문하다

질문 하나 해도 될까요?
Can I ask you a question?
캔 아이 에스크 유 어 퀘스천

asleep
[əslí:p] 어슬립
부 잠들어

아이는 깊이 잠들고 있다.
The child is fast asleep.
더 차일드 이즈 패스트 어슬립

aspect
[ǽspekt] 애스펙트
명 방향, 방위

그의 집은 남향이다.
His house has a southern aspect.
히즈 하우스 해즈 어 써던 애스펙트

A

assemble
[əsémbl] 어쎔블   동 모으다, 집합시키다, 소집하다

그들은 위원회를 소집했다.
They assembled a committee.
데이   어쎔블드   어   커미티

assess
[əsés] 액세스   동 성질을 평가하다

학생들을 어떻게 평가합니까?
How do you assess your students?
하우 두 유 액세스 유어 스튜던츠

assist
[əsíst] 어씨스트   동 거들다, 원조하다, 돕다

그는 내가 재정상의 위기를 극복하는 것을 도와 주었다.
He assisted me to tide over the financial
히 어씨스티드 미 투 타이드 오버 더 파이낸시알
difficulties.
디피컬티스

associate
[əsóuʃiit] 어쏘씨애이트   동 연상하다, 상기시키다, 관련시켜 생각하다

선물을 준다 하면 크리스마스를 연상한다.
We associate giving the presents with Christmas.
위 어쏘씨애이트 기빙 더 프레젠츠 위드 크리스마스

assume
[əsjúːm] 어쑴   동 사실이라고 보다, 당연한 일로 치다

그가 말하는 것을 사실이라고 생각하자.
Let's assume what he says to be true.
렛츠 어쑴 왓 히 새즈 투 비 트루

astronaut
[ǽstrənɔ̀ːt] 애스트로낫   명 우주 비행사

난 우주 비행사이다.
I'm an astronaut.
아이엠 언 에스트로낫

at

[ət] 엣   전 ~때에(시간), ~에서(장소)

학교는 9시에 시작한다.
The school begins at nine.
더 스쿨 비긴스 엣 나인

atmosphere

[ǽtməsfìər] 엣모스피어   명 분위기, 환경, 주위의 상황

이것은 분위기가 잘 나타나 있는 소설이다.
This is a novel rich in atmosphere.
디스 이즈 어 노블 리치 인 엣모스피어

attach

[ətǽtʃ] 어태치   동 붙이다, 달다, 바르다, 소속시키다, 부속시키다

그는 사회당에 입당했다.
He attached himself to the Socialist Party.
히 어태치드 힘셀프 투 더 쏘샬리스트 파티

attack

[ətǽk] 어택   명 공격, 습격, 비난

공격은 최선의 방어이다.
Attack is the best defense.
어택 이즈 더 베스트 디펜스

attempt

[ətémpt] 어탬트   동 시도하다, 기도하다

그는 미정복의 정상 등반을 기도했다.
He attempted climbing an unconquered peak.
히 어탬티드 클라이밍 언 언컨퀄드 피크

attend

[əténd] 어탠드   동 간호하다, 돌보다

담당 의사가 누구입니까?
Which doctor is attending you?
위치 닥터 이즈 어텐딩 유

attitude
[ǽtitjùːd] 애티튜드   명 태도, 마음가짐

그는 인생을 향한 긍정적인 태도를 가졌다.
He has a positive attitude towards life.
히 해즈 어 파지티브 애티튜드 토워즈 라이프

attractive
[ətrǽktiv] 어트랙티브   형 사람의 마음을 끄는, 매력적인

그녀는 매력적인 여성이다.
She is an attractive woman.
쉬 이즈 언 어트랙티브 워먼

audience
[ɔ́ːdiəns] 어우디언스   명 청중, 관중, 관객

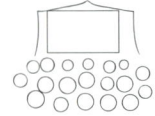

청중이 많았다.
There was a large audience.
데어 워즈 어 라지 어우디언스

aunt
[ænt] 안트   명 숙모, 고모, 이모, 아주머니

난 한국에 있는 숙모를 방문하고 있다.
I am visiting my aunt in Korea.
아이 엠 비지팅 마이 안트 인 코리아

author
[ɔ́ːθər] 아써   명 저자, 작가, 저술가

그는 그 책의 저자이다.
He is the author of the book.
히 이즈 더 아써 오브 더 북

authority
[əθɔ́ːrəti] 아쏘리티   명 권위, 권력

그 문제를 해결할 권한이 내게는 없다.
I have no authority to settle the problem.
아이 해브 노 아쏘리티 투 세틀 더 프라블럼

32 English Graphics Grow-up Vocabulary

automatic
[ɔ́:təmǽtik] 어토매틱 형 자동의, 자동식의

이것은 자동 전화이다.
It is an automatic telephone.
잇 이즈 언   어토매틱   텔레폰

autumn
[ɔ́:təm] 어텀 명 가을

가을은 매우 아름답다.
The autumn is very beautiful.
더   어텀 이즈 베리 뷰티풀

available
[əvéiləbl] 어베일러블 형 시간이 있는, 여가가 있는

오늘 오후에 시간 있니?
Are you available this afternoon?
아 유 어베일러블 디스 애프터눈

avenue
[ǽvənjù:] 애베뉴 명 다다르는 길, 들어가는 방법

인도로 가는 데는 여러 가지 길이 있다.
There are various avenues to India.
데어 아 바리어스 애베뉴 투 인디아

average
[ǽvəridʒ] 애버러지 명 평균, 평균치

하루 평균 8시간 일한다.
I average 8 hours' work a day.
아이 애버라지 에잇 하우스 워크 어 데이

avoid
[əvɔ́id] 어보이드 동 피하다, 비키다, 회피하다

그렇게 말하지 않을 수 없었다.
I could not avoid saying so.
아이 쿠드 낫 어보이드 쌔잉 쏘

awake
[əwéik] 어웨이크　　**동** 깨우다

날카로운 고함 소리에 잠이 깼다.
A shrill cry awoke me from my sleep.
어 쉬릴 크라이 어워크 미 프롬 마이 슬립

award
[əwɔ́ːrd] 어워드　　**동** 수여하다, 주다

그는 훌륭한 연주로 금메달을 받았다.
He was awarded a gold medal for his excellent
히 워즈 어워디드 어 골드 메달 포 히즈 엑설런트
performance.
퍼포먼스

aware
[əwɛ́ər] 어웨어　　**형** 알아차리고, 깨닫고

난 알고 있다.
I'm aware of it.
아이엠 어웨어 오브 잇

away
[əwéi] 어웨이　　**부** 멀리, 떨어져서, 저쪽에, ~에 없는

나에게서 떨어져서 있어라.
Stay away from me.
스테이 어웨이 프롬 미

awful
[ɔ́ːfəl] 어풀　　**형** 무서운, 무시무시한

아주 무시무시한 폭풍우였다.
It was an awful storm.
잇 워즈 언 어풀 스톰

awkward
[ɔ́ːkwərd] 어쿼드　　**형** 어색한, 거북한, 꼴사나운

그녀와 같이 있으면 어색해진다.
I feel awkward with her.
아이 필 어쿼드 위드 허

34 English Graphics Grow-up Vocabulary

English Korean

baby

[béibi] 베이비　　**명** 아기

그녀의 아기는 매우 귀엽다.
Her baby is very cute.
헐　베이비 이즈 베리　큐트

back

[bæk] 백　　**명** 뒤, 등, 돌아오다

뒤돌아보지 마라.
Don't look back.
돈트　룩　백

background

[bǽkgràund] 백그라운드　　**명** 배경, 원경

그 마천루는 푸른 하늘을 배경으로 서 있었다.
The skyscraper stood against a background of
더　스카이크래퍼　스투드　어겐스트 어　백그라운드　오브
blue sky.
블루 스카이

backward

[bǽkwərd] 백워드　　**형** 거꾸로

알파벳을 거꾸로 말해봐
Say the alphabet backward.
쌔이 디　알파벳　백워드

bad

[bæd] 베드　　**형** (행동이) 나쁜, 옳지 않은,
　　　　　　　　(음식 등이)상한, 서투른

거짓말하는 것은 나쁘다.
It is bad to lie.
잇 이즈 베드 투 라이

B

bag
[bæg] 백 **명** 자루, 가방

내 가방은 너무 무겁다.
My bag is too heavy.
마이 백 이즈 투 헤비

---

baggage
[bǽɡidʒ] 배개지 **명** 수하물

난 내 수화물을 잃어버렸다.
I have lost my baggage.
아이 해브 로스트 마이 배개지

---

bake
[beik] 배이크 **동** 굽다

빵이 오븐 속에서 구워진다.
Bread bakes in an oven.
브래드 배이크스 인 언 오븐

---

balance
[bǽləns] 밸런스 **명** 균형, 평균, 평형, 조화

모든 이에게 심신의 조화는 필요하다.
Everyone needs a balance of mind and body.
에브리원 니즈 어 밸런스 오브 마인드 앤 바디

---

ball
[bɔːl] 볼 **명** 공

나는 공놀이를 하는 것을 좋아한다.
I like to play with the ball.
아이 라이크 투 플레이 취드 더 볼

---

balloon
[bəlúːn] 벌룬 **명** 풍선

많은 풍선들이 하늘을 날고 있었다.
Many balloons were flying in the sky.
매니 벌룬스 월 플라잉 인 더 스카이

36 English Graphics Grow-up Vocabulary

banana

[bənǽnə] 버네너 　명 바나나

원숭이는 바나나를 좋아한다.
The monkey likes bananas.
더　몽키　라익스　버네너스

band

[bænd] 밴드 　명 밴드, 악단

악대가 체육관에서 연주하고 있다.
A band is playing at the gym.
어　밴드　이즈　플레잉　엣　더　짐

bank

[bæŋk] 뱅크 　명 은행

그녀는 은행에서 일한다.
She works at a bank.
쉬　웍스　엣　어　뱅크

base

[beis] 베이스 　명 바닥, 밑면, (야구의)베이스, 루

넌 바닥에서 벨을 찾을 수 있다.
You can find a bell at the base.
유　캔　파인　어　벨　엣　더　베이스

basket

[bǽskit] 바스켓 　명 바구니

너의 소풍 바구니를 가져와라.
Bring your picnic basket.
브링　유얼　피크닉　바스켓

bath

[bæθ] 베스 　명 목욕

난 어제 목욕을 했다.
I took a bath yesterday.
아이 툭　어　베스　예스터데이

B

battle
[bǽtl] 배틀   명 승리, 성공

젊음은 반은 이긴 거나 다름없다.
Youth is half the battle.
유쓰 이즈 해프 더 배틀

---

be
[bi] 비   동 ~이다, ~이 되다

그녀는 선생님이 될 것이다.
She will be a teacher.
쉬 윌 비 어 티쳐

---

beach
[bi:tʃ] 비취   명 해변, 바닷가

나는 휴가를 해변에서 보냈다.
I spent my vacation at the beach.
아이 스펜트 마이 베케이션 엣 더 비취

---

bear
[bɛər] 베어   동 참다, 견디다

그는 혼자 있는 것을 참지 못한다.
He can't bear being alone.
히 캔트 베어 빙 어론

---

beat
[bi:t] 비트   동 치다, 두드리다, 때리다

그 소년은 거짓말했기 때문에 얻어맞았다.
The boy was beaten for lying.
더 보이 워즈 비튼 포 라잉

---

beautiful
[bjú:təfəl] 뷰티풀   형 아름다운, 예쁜

그 꽃은 매우 아름답다.
The flower is so beautiful.
더 플라워 이즈 소 뷰티풀

38 English Graphics Grow-up Vocabulary

beauty

[bjúːti] 뷰티   **명** 아름다움, 미, 미모

저 차는 정말 굉장하다.
That car is a real beauty.
댓 카 이즈 어 릴 뷰티

because

[bikɔ́(ː)z] 비커즈   **접** 왜냐하면, ~이기 때문에

그는 그녀 때문에 화가 있었다.
He was angry because of her.
히 워즈 엥그리 비커즈 오브 헐

become

[bikʌ́m] 비컴   **동** ~이 되다

그녀는 엄마가 되어 있다.
She has become a mother.
쉬 해스 비컴 어 마더

bed

[bed] 베드   **명** 침대

너의 침대로 돌아가라.
Go back to your bed.
고 백 투 유얼 베드

before

[bifɔ́ːr] 비포   **부** ~앞에, ~전에

음식을 먹기 전에 손을 씻어라.
Wash your hands before you eat.
워시 유얼 핸즈 비포 유 잇

beg

[beg] 베그   **동** 부탁하다, 간청하다

용서해 주십시오.
I beg you pardon.
아이 베그 유 파든

begin
[bigín] 비긴　　　**동** 시작하다

수업을 시작하자.
Let's begin the class.
렛츠　비긴　더　클레스

behave
[bihéiv] 비해이브　　　**동** 행동하다

그는 예의 범절을 모른다.
He doesn't know how to behave.
히　더즌트　노　하우　투　비해이브

behind
[biháind] 비하인드　　　**부** 뒤에, 배후에, 숨겨져

이면에 뭔가 더 있다.
There is more behind.
데어　이즈　모어　비하인드

believe
[bilíːv] 빌리브　　　**동** 믿다

콜럼버스는 지구가 둥글다고 믿었다.
Columbus believed that the earth is round.
컬럼버스　빌리브드　댓　디　어쓰　이즈　라운드

bell
[bel] 벨　　　**명** 종, 방울, 종소리

너의 초인종 소리가 울린다.
Your door bell is ringing.
유얼　도어　벨　이즈　링잉

belong
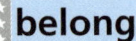
[bilɔ́(ː)ŋ] 빌롱　　　**동** 소유물이다

푸른 코트는 그녀의 것이다.
The blue coat belongs to her.
더　블루　코트　빌롱스　투　허

below

[bilóu] 빌로우 　　전 ~의 밑에, ~의 아래에

팔 아래에 상처가 났다.
I got a scratch below the arm.
아이 갓 어 스크레치 빌로우 더 암

bench

[bentʃ] 벤치 　　명 벤치, 긴 의자

공원에 벤치가 있다.
There is a bench at the park.
데얼 이즈 어 벤치 엣 더 파크

benefit

[bénəfit] 베네핏 　　동 이익을 얻다

그는 새로운 방법으로 이익을 얻었다.
He benefited from the new method.
히 베네피티드 프럼 더 뉴 멧호드

beside

[bisáid] 비사이드 　　전 ~의 옆에

나는 당신 옆에 있을 것이다.
I will be right beside you.
아이 윌 비 롸잇 비사이드 유

bet

[bet] 벳 　　동 걸다

그는 그 말에 2파운드를 걸었다.
He bet two pounds on the horse.
히 벳 투 파운즈 온 더 홀스

between

[bitwí:n] 비트윈 　　전 ~의 사이에

그는 개들 사이에 앉았다.
He sat down between dogs.
히 셋 다운 비트윈 도그스

beyond

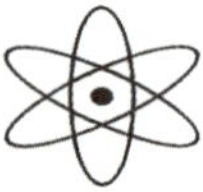

[bijánd] 비욘드   전 ~의 범위를 넘어서

나로선 알 수 없는 일이다.
It's beyond me.
잇트 비욘드 미

bicycle

[báisikl] 바이스클   명 자전거

나는 자전거 타는 것을 좋아한다.
I like to ride a bicycle.
아이 라이크 투 라이드 어 바이스클

big

[big] 빅   형 큰, 커다란

저 달걀은 매우 커 보인다.
That egg looks really big.
댓 에그 룩스 리얼리 빅

bill

[bil] 빌   명 계산서

매달의 청구서가 왔다.
I got my monthly bill.
아이 갓 마이 먼쓸리 빌

bird

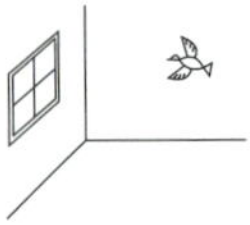

[bə:rd] 벌드   명 새

새가 내 방으로 날아들어왔다.
A bird flew into my room.
어 벌드 플루 인투 마이 룸

birth

[bə:rθ] 버쓰   명 탄생, 출생, 출산, 분만

그녀는 쌍둥이를 낳았다.
She had two at a birth.
쉬 해드 투 엣 어 버쓰

birthday

[bə́:rθdèi] 벌스데이　**명** 생일

내 생일은 10월 2일 이다.
My birthday is on October 2nd.
마이　벌스데이　이즈 온　악토벌　쎄컨드

bit

[bit] 빗　**명** 작은 조각, 도막, 한 조각

유리 파편이 도처에 깔려있다.
There are bits of glass everywhere.
데어　아　빗츠 오브 글래스　에브리웨어

bite

[bait] 바이트　**동** 물다, 물어뜯다

호랑이가 고기를 한 조각 물어뜯었다.
The tiger bit off a piece of meat.
더 타이거　빗 오프 어　피스 오브 밋트

bitter

[bítər] 비터　**형** 쓴

이 물맛은 쓰다.
This water tastes bitter.
디스　워터　테이스츠　비터

black

[blæk] 블랙　**형** 검은, 검은색

내가 가장 좋아하는 색은 검정색이다.
My favorite color is black.
마이　페이버릿　컬러　이즈 블랙

blame

[bleim] 블래임　**동** 나무라다, 비난하다

의무를 태만히 한 탓으로 선생님은 그를 꾸짖었다.
The teacher blamed him for neglect of duty.
더　티처　블래임드　힘 포　네글렉트 오브 듀티

blank

[blæŋk] 블랭크   형 비어있는

공백을 메우세요.
You need to fill in the blank.
유 니드 투 필 인 더 블랭크

bless

[bles] 블레스   동 은혜를 베풀다, 축복하다

신은 그녀에게 착한 자식들을 주셨다.
God blessed her with good children.
갓 블래스드 허 위드 굿 칠드런

blind

[blaind] 블라인드   형 눈 먼, 장님인

장님 나라에서는 애꾸눈이 왕이다.
In the kingdom of the blind, the one-eyed is king.
인 더 킹덤 오브 더 블라인드 더 원 아이드 이즈 킹

block

[blɑk] 블록   명 블록, 가구

두 블록 떨어져 있다.
It's two blocks away.
잇트 투 블록스 어웨이

blood

[blʌd] 블러드   명 피, 혈액, 혈기, 격정

약이 바짝 올랐다.
His blood was up.
히즈 블러드 워즈 업

blow

[blou] 블로우   동 바람이 불다

바람이 세게 불고 있다.
It is blowing hard.
잇 이즈 블로윙 하드

blue
[blu:] 블루   형 파란, 푸른, 파란색, 푸른색

파란 하늘 좀 봐라!
Look at the blue sky!
룩 앳 더 블루 스카이

board
[bɔ:rd] 보드   명 널빤지, 판자, 판

박스를 만들 널빤지가 필요하다.
I need a board to make a box.
아이 니드 어 보드 투 메이크 어 박스

boat
[bout] 보트   명 보트, 작은 배

보트로 강을 건너자.
Let's cross a river by boat.
렛츠 크로스 어 리버 바이 보트

body
[bádi] 바디   명 몸, 신체

내 신체는 산을 오르기에 충분히 건강하다.
My body is strong enough to climb a mountain.
마이 바디 이즈 스트롱 이너프 투 클라임 어 마운틴

boil
[bɔil] 보일   동 끓다, 비등하다

물이 끓고 있다.
The water is boiling.
더 워터 이즈 보일링

bomb
[bɑm] 밤   명 폭탄

그는 버스에 폭탄을 설치했다.
The man planted a bomb in the bus.
더 맨 플랜티드 어 밤 인 더 버스

B

bond
[bɑnd] 본드   몡 유대, 맺음, 인연

국가간의 유대는 중요하다.
The bond between nations is important.

bone
[boun] 본   몡 뼈

내 허리 뼈가 아프다.
My back bone hurts.

book
[buk] 북   몡 책

내 취미는 책 읽기다.
My hobby is reading books.

border
[bɔ́:rdər] 보더   몡 가장자리, 변두리, 가장자리 장식

꽃무늬 테두리를 두른 깔개를 샀다.
I bought a rug with a flowered border.

bore
[bɔ:r] 보어   동 뚫다, 꿰뚫다, 도려내다

그는 판자에 구멍을 뚫었다.
He bored a hole through the board.

borrow
[bárou] 바로우   동 빌리다

난 도서관에서 책을 빌렸다.
I borrowed books from the library.

46 English Graphics Grow-up Vocabulary

boss

[bɑs] 보스   **명** 두목, 상사, 사장, **동** 쥐고 흔들다, 부려먹다

그는 아내에게 꼼짝못한다.
His wife bosses him around.
히즈 와이프 보시스   힘   어라운드

---

bother

[bɑ́ðər] 바더   **동** 괴롭히다, 귀찮게 하다

그는 내게 돈을 꾸어 달라고 조른다.
He bothers me to lend him money.
히 바더스 미 투 렌드 힘   머니

---

bottle

[bɑ́tl] 보틀   **명** 병

저 콜라 병을 주어라.
Pick up that coke bottle.
픽 업 댓 코크 보틀

---

bottom

[bɑ́təm] 바틈   **명** 밑, 기초

난 욕조 바닥에서 넘어졌다.
I fell on the bottom of my bathtub.
아이 펠 온 더   바틈   오브 마이 배쓰텁

---

bound

[baund] 바운드   **형** 꼭 ~하게 되어 있는

우리 팀은 꼭 이긴다.
Our team is bound to win.
아워 팀 이즈 바운드 투 윈

---

bowl

[boul] 바울   **명** 사발, 공기, 주발, 볼

난 공기에 씨리얼을 부었다.
I poured the cereal in a bowl.
아이 푸어드 더 씨리얼 인 어 볼

B

box
[bɑks] 박스   명 상자

책들이 박스 안에 있었다.
The books were in the box.
더 북스 웤 인 더 박스

boy
[bɔi] 보이   명 소년, 사내아이

그는 똑똑한 소년이다
He is a smart boy.
히 이즈 어 스마트 보이

brain
[brein] 브레인   명 뇌, 뇌수

그는 머리가 좋지 못하다.
He hasn't much brains.
히 해즌트 마취 브래인즈

branch
[bræntʃ] 브랜치   명 가지, 분지 동 갈라지다

사람들은 사방으로 갈라졌다.
Everyone branched off in all directions.
에브리원 브랜치드 오프 인 올 디렉션스

brave
[breiv] 브레이브   형 용감한, 용맹한

그는 용감한 남자이다.
He is a brave man.
히 이즈 어 브래이브 맨

bread
[bred] 브레드   명 빵

난 아침으로 빵을 먹었다.
I had bread for breakfast.
아이 헤드 브레드 포 브렉퍼스트

break

[breik] 브레이크   동 깨다, 부수다

창문을 깨지 말아라.
Don't break the window.
돈   브레이크   더   윈도우

breakfast

[brékfəst] 브렉퍼스트   명 아침식사

아침식사를 하는 것은 중요하다.
It is important to eat breakfast.
잇 이즈   임폴턴트   투 잇   브렉퍼스트

breast

[brest] 브래스트   명 가슴

그의 어머니에게는 유방암이 있다.
His mother has breast cancer.
히즈   마더   해즈   브래스트   캔서

breath

[breθ] 브래쓰   명 한숨, 한 번의 호흡

추호도 의심할 여지가 없다.
There's not a breath of suspicion.
데어이즈   낫   어   브래쓰   어브   써스피션

bridge

[bridʒ] 브릿지   명 다리, 교량

나는 다리 위로 걸어 갈 것이다.
I will walk over the bridge.
아이 윌   워크   오버   더   브릿지

brief

[bri:f] 브리프   형 잠시의, 잠깐의, 단시간의

잠시 후 설명해 드릴게요.
I will explain it to you in brief.
아이 윌   익스플래인   잇 투   유   인   브리프

bright

[brait] 브라잇 　 형 밝은, 눈부신, 빛나는

빛이 너무 밝다.
The lights are too bright.
더　라잇츠　알　투　브라잇

---

brilliant

[bríljənt] 브릴리언트 　 형 훌륭한, 화려한, 멋진

아주 멋진 연주였어요.
It was a brilliant performance.
잇　워즈　어　브릴리언트　　퍼포먼스

---

bring

[briŋ] 브링 　 동 가져오다, 데려오다

제 개를 데리고 가도 되나요?
I can bring my dog?
아이 켄　브링　마이　도그

---

broad

[brɔːd] 브로드 　 형 폭이 넓은, 널따란

그에게는 떡 벌어진 어깨가 있다.
He has broad shoulders.
히　해즈　브로드　쇼더즈

---

broadcast

[brɔ́ːdkæst] 브로드캐스트 　 명 방송

그의 연설은 우리 방송에 반향을 불러 일으켰습니다.
His speech caused our broadcast discontent.
히즈　스피치　커즈드　아워　브로드캐스트　디스컨텐트

---

brother

[brʌ́ðər] 브라더 　 명 형제, 형, 오빠, 남동생

내 동생은 나보다 5살이 어리다.
My brother is 5 years younger than me.
마이　브라더　이즈 파이브 이얼즈　영걸　　덴　미

50 English Graphics Grow-up Vocabulary

brown

[braun] 브라운   형 갈색의, 밤색의, 갈색, 밤색

그녀의 머리카락은 갈색이다.
She has brown hair.
쉬 해스 브라운 헤어

---

brush

[brʌʃ] 브러쉬   명 솔

나는 회장실 청소를 위한 새 솔이 필요하다.
I need a new brush to clean my bathroom.
아이 니드 어 뉴 브러쉬 투 클린 마이 베스룸

---

budget

[bʌ́dʒit] 버짓   명 예산, 예산안

난 예산을 편성해야 한다.
I have to make a budget.
아이 해브 투 매이크 어 버짓

---

build

[bild] 빌드   동 짓다, 세우다

우리는 새로운 집을 지을 것이다.
We will build a new house.
위 윌 빌드 어 뉴 하우스

---

bunch

[bʌntʃ] 번치   명 송이

한 송이의 포도가 먹고 싶다.
I want a bunch of grapes.
아이 원트 어 번치 오브 그래입스

---

burden

[bə́ːrdən] 버든   명 짐, 부담

그녀는 재정상의 부담을 느끼고 있다.
She is going through financial burden.
쉬 이즈 고잉 뜨루 파이낸샬 버든

B

burn
[bəːrn] 번   동 불타다, 햇볕에 타다

난 햇볕에 잘 탄다.
I burn well.
아이 번 웰

burnt
[bəːrnt] 번트   동 burn의 과거, 과거분사형

큰불이 나서 집이 불타버렸다.
The house was burnt down in a big fire.
더 하우스 워즈 번트 다운 인 어 빅 파이어

burst
[bəːrst] 버스트   동 터지다, 무너지다

이 제방은 언제 무너질지 모른다.
This bank may burst at any moment.
디스 뱅크 매이 버스트 엣 애니 모멘트

bury
[béri] 배리   동 묻다

그 아이는 손을 모래 속에 묻는 것을 좋아한다.
The boy likes burying his hand in sand.
더 보이 라익스 배링 히즈 핸드 인 샌드

bus
[bʌs] 버스   명 버스

그녀는 학교를 가기 위해 버스를 탄다.
She takes the bus to go to school.
쉬 테익스 더 버스 투 고 투 스쿨

bush
[buʃ] 부시   명 관목, 덤불

난 덤불에 얼굴을 긁혔다.
I got scratched by the bush.
아이 갓 스크랫치드 바이 더 부시

business
[bíznis] 비즈니스 명 사무, 업무, 용무, 볼일, 용건

무슨 일로 오셨습니까?
What business has brought you here?
왓 비즈니스 해즈 브롯 유 히어

busy
[bízi] 비지 형 바쁜

그는 지금 매우 바쁘다.
He is really busy now.
히 이즈 리얼리 비지 나우

but
[bət] 벗 접 그러나, 그렇지만

그는 키가 크지만 뚱뚱하지는 않다.
He is tall but not fat.
히 이즈 톨 벗 낫 펫

butter
[bʌ́tər] 버터 명 버터

그는 땅콩 버터를 좋아한다.
He likes peanut butter.
히 라익스 피넛 버터

button
[bʌ́tən] 버튼 명 단추, (벨의)누름단추

초록색 단추를 누르세요.
Push the green button.
푸쉬 더 그린 버튼

buy
[bai] 바이 동 사다

그녀는 옷을 사는 것을 좋아한다.
She likes to buy clothes.
쉬 라익스 투 바이 클로즈

by

[bai] 바이   **전** ~의 옆에

버스가 정거장 옆을 지나갔다.
The bus passed by the station.
더 버스 패스드 바이 더 스테이션

bye

[bai] 바이   **감** 잘가요, 안녕(헤어질 때 하는 인사말)

모두들 안녕, 내일 봐
Bye everyone, see you tomorrow.
바이 에브리원 씨 유 투모로우

"Break the ice" 의 의미

'얼음을 깨라?' 이 문장에는 숨은 뜻이 있습니다.

서로 처음 보는 사람과 마주하는 경우 서로간에 서먹하고 어색함이 있습니다. 또는 서로 화가 나 있다든가 하는 경우에도 서로간에 침묵이 흐르게 됩니다. 이런 상황에서 서로 간에 대화 없이 시간이 흐르면 분위기가 어색해 지면서 마치 얼음과 같은 냉기가 흐르게 되죠?
이때 농담을 던지거나 혹은 서로 대화를 시작할 수 있는 화제거리를 제공하는 방법으로 싸했던 얼음 같은 분위기가 와장창 깨지고 화기애애한 분위기가 됩니다.
따라서, 얼어붙었던 상황이나 분위기를 부드러운 대화분위기로 바뀌는 상황에서 "Break the ice" 라는 표현을 사용합니다.

English Korean

cake

[keik] 케익   명 케이크

이것은 초콜렛 케이크 입니다.
This is a chocolate cake.
디스 이즈 어 쵸콜릿 케익

calculate

[kǽlkjəlèit] 칼큘래이트   동 계산하다, 산정하다, 추산하다

그 도시의 인구는 15만으로 추산되고 있다.
The population of the city is calculated at
더 팝퓰래이션 오브 더 시티 이즈 칼큘래이티드 엣
150,000.
원헌드레드 피프티 따우잰드

calendar

[kǽləndər] 캘린더   명 달력

달력은 매우 편리합니다.
The calendar is very useful.
더 캘린더 이즈 베리 유스풀

call

[kɔ:l] 콜   동 ~를 부르다, 전화하다, (잠시)들르다

그녀는 친구에게 전화를 하고 있다.
She is making a call to her friend.
쉬 이즈 메이킹 어 콜 투 헐 프렌드

calm

[kɑ:m] 컴   형 고요한, 잔잔한, 조용한

진정해!
Calm down!
컴 다운

camera

[kǽmərə] 카메라 　　명 카메라, 사진기

그는 카메라로 사진을 찍을 것이다.
He will take a photo with a camera.
히　윌　테이크　어　포토　위드　어　카메라

camp

[kæmp] 캠프 　　동 야영하다, 캠프하다

오늘은 여기서 야영하자.
Let's camp here today.
랫츠　캠프　히얼　투데이

can

[kən] 캔 　　조 ~할 수 있다

그는 컴퓨터를 조립할 수 있다.
He can build a computer.
히　캔　빌드　어　컴퓨터

cancel

[kǽnsəl] 캔슬 　　동 취소하다, 무효로 하다

그 책의 주문을 취소했다.
I canceled an order for the book.
아이　캔슬드　언　오더　포　더　북

cancer

[kǽnsər] 캔서 　　명 암종, 악성 종양, 암

할머니께서는 암으로 돌아가셨다.
The grandmother died of cancer.
더　그랜마더　다이드 오브　캔서

candidate

[kǽndidèit] 캔디데이트 　　명 후보자, 지원자

그는 입학 지원자 중 한 명이다.
He is one of the candidates for admission to a
히 이즈 원 오브 더 캔디데이츠　포　어드미션　투 어
school.
스쿨

candle

[kǽndl] 캔들 　 몡 양초

양초가 타고 있다.
The candle is burning.
　더　　켄들　이즈　버닝

candy

[kǽndi] 캔디 　 몡 사탕, 캔디

그녀는 달콤한 사탕을 좋아한다.
She likes sweet candy.
　쉬　라익스　스윗　캔디

cap

[kæp] 캡 　 몡 모자

그는 언제나 모자를 쓴다.
He always wears a cap.
　히　올웨이즈　웨얼스　어 캡

capable

[kéipəbl] 캐이퍼블 　 형 능력이 있는, 가능한

개선의 여지가 있는 상황이다.
It is a situation capable of improvement.
잇 이즈 어 시츄애이션　캐이퍼블 오브　임푸르브먼트

capacity

[kəpǽsəti] 카파시티 　 몡 재능, 역량

우리는 미래보다는 과거를 아는 능력을 더 많이 갖고 있다
We have more capacity for knowing the past
위　해브　모어　카파시티　포　노윙　더 패스트
than the future.
댄　더　퓨처

capital

[kǽpitəl] 캐피탈 　 형 자본의, 가장 중요한, 수도

파리는 프랑스의 수도이다.
Paris is the capital of France.
패리스 이즈 더　캐피탈 오브 프랑스

captain

[kǽptən] 캡틴   명 선장

그는 배의 선장이다.
He is the captain of the ship.
히 이즈 더 캡틴 오브 더 쉽

car

[kɑːr] 카   명 자동차

그는 빨간색 자동차가 있다.
He has a red car.
히 헤스 어 레드 카

card

[kɑːrd] 카드   명 카드

그녀는 그녀의 신용카드를 잃어버렸다.
She lost her credit card.
쉬 로스트 헐 크레딧 카드

care

[kɛər] 캐어   명 돌봄, 보살핌, 보호

필요한 곳에 서 있는 나무의 보호에 힘썼다.
We took care to preserve trees where it was
위 툭 캐어 투 프리저브 트리스 웨어 잇 워즈
necessary.
넥세써리

career

[kəríər] 커리어   명 직업

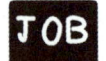

그는 변호사를 평생의 직업으로 하려고 했다.
He sought a career as a lawyer.
히 쏫 어 커리어 애즈어 로여

carpenter

[káːrpəntər] 카펜터   명 목공

목공이 문을 만들고 있다.
The carpenter is making a door.
더 카펜터 이스 메이킹 어 도어

carry

[kǽri] 케리

동 ~을 나르다, ~을 가지고 있다

그녀는 가방을 날라야 한다.
She needs to carry her bag.
쉬 니스 투 케리 헐 백

cartoon

[kɑːrtúːn] 카툰

명 만화

그는 만화를 보고 있다.
He is watching the cartoon.
히 이즈 왓칭 더 카툰

case

[keis] 케이스

명 상자

상자가 책상 위에 있다.
The case is on the table.
더 케이스 이즈 언 더 테이블

cash

[kæʃ] 캐쉬

명 현찰, 수표, 즉시불

현금으로 하시겠습니까, 카드로 하시겠습니까?
Cash or charge?
캐쉬 오 차지

cassette

[kəsét] 카셋

명 카세트테이프

그는 카세트 플레이어가 있다.
He has a cassette player.
히 헤스 어 카셋 플레이어

cat

[kæt] 켓

명 고양이

고양이가 쥐를 잡고 있다.
A cat is catching a mouse.
어 켓 이즈 켓췽 어 마우스

catch
[kætʃ] 켓취   동 잡다

날 잡을 수 있으면 잡아봐라.
Catch me if you can.
켓취 미 이프 유 캔

cattle
[kǽtl] 캐틀   명 소

나는 소를 키운다.
I rear cattle.
아이 리어 캐틀

cause
[kɔːz] 커즈   명 원인

자네 때문에 나는 손가락을 베었네.
You are the cause that I cut my finger.
유 아 더 커즈 댓 아이 컷 마이 핑거

cease
[siːs] 씨즈   동 그치다, 멎다, 끝나다

비가 멎었다.
The rain ceased.
더 래인 씨즈드

ceiling
[síːliŋ] 씰링   명 (방의) 천장

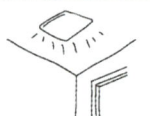

물이 천장에서 떨어지고 있었다.
The water was dripping from the ceiling.
더 워터 워즈 디리핑 프롬 더 씰링

celebrate
[séləbrèit] 쎌러브레이트   동 축하하다, 경축하다

우리는 나무를 장식하고 선물을 보내어 크리스마스를 축하했다.
We celebrated Christmas with trees and presents.
위 쎌러브레이티드 크리스마스 위드 트리즈 앤 프래전츠

center

[séntər] 쎈터   명 중심, 중심, 핵심

그녀는 그 계획의 중심 인물이다.
She is the center of the project.
쉬 이즈 더 쎈터 오브 더 프로젝트

ceremony

[sérəmòuni] 쎄레모니   명 의식, 식전

장례식에 가야 한다.
I must attend a funeral ceremony.
아이 머스트 어텐드 어 퓨너럴 쎄레모니

certain

[sə́:rtən] 썰튼   형 확실하다고 생각하는, 확신하는

그녀는 그 젊은이가 미친 것이 틀림없다고 생각했다.
She was certain that the young man had gone
쉬 워즈 썰튼 댓 더 영 맨 해드 건
mad.
매드

certificate

[sərtífəkit] 썰티피케이트   명 증명서, 증명

건강 증명서가 필요하다.
I need a health certificate.
아이 니드 어 헬쓰 썰티피케이트

chain

[tʃein] 채인   명 쇠사슬

그는 개를 사슬에 묶어 놓는다.
He keeps a dog on a chain.
히 킵스 어 도그 온 어 채인

chalk

[tʃɔ:k] 초크   명 분필, 백묵

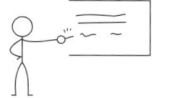

선생님이 칠판에 적기 위해 분필을 사용하신다.
The teacher is using a chalk to write on the
더 티쳐 이즈 유징 어 초크 투 롸잇 언 더
blackboard.
블랙보드

challenge
[tʃǽlindʒ] 챌린지 **명** 도전

그는 도전에 응했다.
He accepted a challenge.
히 앱셉티드 어 챌린지

chamber
[tʃéimbər] 챔버 **명** 방

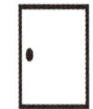

이곳이 주인의 방입니다.
That is the master's chamber.
댓 이즈 더 매스터스 챔버

chance
[tʃæns] 첸스 **명** 기회

그들은 경기를 이길 기회가 있다.
They have a chance to win the game.
데이 해브 어 첸스 투 윈 더 게임

change
[tʃeindʒ] 체인지 **동** 변하다, 바꾸다, 변경, 변화, 거스름돈, 잔돈

그는 직업을 바꿀 것이다.
He will change his job.
히 윌 체인지 히스 잡

character
[kǽriktər] 캐릭터 **명** 성격, 성질, 기질

그것은 미국인의 기질이다.
That is the character of the Americans.
댓 이즈 더 캐릭터 오브 더 아메리칸스

charge
[tʃɑːrdʒ] 차지 **동** 청구하다, 값을 매기다

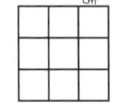

토지에 세금을 매긴다.
I charge a tax on an estate.
아이 차지 어 택스 온 언 에스태이트

62 English Graphics Grow-up Vocabulary

charity

[tʃǽrəti] 채러티   명 자선, 보시, 구호금

이것은 빈자를 위한 구호금이다.
It is charity for the poor.
잇 이즈 채리티 포 더 푸어

charm

[tʃɑːrm] 참   동 매혹하다, ~의 마음을 빼앗다, 황홀하게 하다

아름다운 광경에 그녀는 넋을 잃었다.
She was charmed with the beautiful scene.
쉬 워즈 참드 위드 더 뷰티풀 씬

chase

[tʃeis] 채이스   동 쫓아내다, 쫓아버리다

고양이를 방에서 쫓아내라.
Chase the cat out of the room.
채이스 더 캣 아웃 오브 더 룸

cheap

[tʃiːp] 칩   형 값싼

이 책은 매우 싸다.
This book is really cheap.
디스 북 이스 리얼리 칩

cheer

[tʃiər] 치어   명 기분, 원기

안녕하십니까?
What cheer?
왓 치어

cheese

[tʃiːz] 치즈   명 치즈

치즈 한 장 드실래요?
Would you like a slice of cheese?
우드 유 라이크 어 슬라이스 오브 치즈

chemical
[kémikəl] 케미칼   형 화학적인, 화학 작용의

화학 분석이 필요하다.
I need a chemical analysis.
아이 니드 어 케미칼   어널리시스

---

chicken
[tʃíkən] 치킨   명 닭, 닭고기

그는 저녁으로 닭고기를 원한다.
He wants some chicken for dinner.
히 원츠   섬   치킨   포 디너

---

chief
[tʃi:f] 치프   명 우두머리, 지배자

그는 가장이다.
He is the chief of a family.
히 이즈 더 치프 오브 어 패밀리

---

child
[tʃaild] 차일드   명 어린이, 아이

그녀는 8살짜리 어린이 이다.
She is an eight-year-old child.
쉬 이즈 언 에잇 이얼 올드 차일드

---

choice
[tʃɔis] 초이스   명 선택된 것

어느 것으로 하겠습니까?
Which is your choice?
위치 이즈 유어 초이스

---

chopstick
[tʃápstik] 찹스틱   명 젓가락

라면을 먹으려면 젓가락을 사용해라.
Use the chopsticks to eat the ramen.
유스 더   찹스틱스   투 잇 더 라멘

64 English Graphics Grow-up Vocabulary

church

[tʃəːrtʃ] 철치　　　명 교회

우리는 매주 일요일 교회에 간다
We go to the church every Sunday.
위 고 투 더 철치 에브리 썬데이

circle

[sə́ːrkl] 써클　　　명 원

우리는 원 안에 앉았다.
We sat in a circle.
위 셋 인 어 써클

circumstance

[sə́ːrkəmstæ̀ns] 썰컴스탄스　　　명 사건, 사태, 경과, 사실

자초지종이 뭐야?
What's the whole circumstance?
왓츠 더 홀 썰컴스탄스

city

[síti] 씨티　　　명 도시

서울은 살기 좋은 도시이다.
Seoul is a nice city to live in.
서울 이스어 나이스 씨티 투 리브 인

claim

[kleim] 클레임　　　동 주장하다, 승인을 구하다

양쪽 모두 승리를 주장했다.
Both sides claimed the victory.
보쓰 사이즈 클래임드 더 빅토리

class

[klæs] 클래스　　　명 학급, 반, 수업

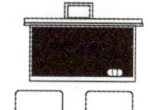

그는 반에서 가장 똑똑하다.
He is the smartest in his class.
히 이스 더 스마티스트 인 히스 클래스

classmate

[klǽsmèit] 클래스매이트   명 급우, 반 친구

그는 쇼핑센터에서 반 친구를 만났다.
He met his classmate at the Mall.
히 멧 히스 클래스매이트 엣 더 몰

clean

[kli:n] 클린   형 깨끗한, 청결한

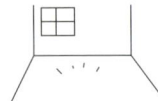

방이 깨끗하다.
The room is clean.
더 룸 이즈 클린

climb

[klaim] 클라임   동 (나무, 산 등에) 오르다

그는 산에 올랐다.
He climbed the mountain.
히 클라임드 더 마운틴

clock

[klɑk] 클락   명 시계, 탁상시계

책상 위에서 시계가 울리고 있다.
The is ringing on the desk.
더 클락 이스 링잉 언 더 데스크

close

[klous] 클로스   동 닫다

문을 닫아라.
 the door.
클로스 더 도어

clothes

[klouðz] 클로즈   명 옷

그는 옷이 많다.
He has many clothes.
히 헤스 매니 클로즈

cloud

[klaud] 클라우드 　　　명 구름

태양이 구름 뒤로 갔다.
The sun went behind the cloud.
더 썬 웬트 비하인드 더 클라우드

club

[klʌb] 클럽 　　　명 클럽, 모임

난 영화 모임에 들어갔다.
I joined the movie club.
아이 조인드 더 무비 클럽

coal

[koul] 콜 　　　명 작은 석탄 덩이

난 스토브에 석탄을 넣었다.
I put coals in the stove.
아이 풋 콜스 인 더 스토브

coat

[kout] 코트 　　　명 코트, 외투

나는 이번 겨울을 위해 새로운 코트를 샀다.
I bought a new coat for this winter.
아이 보우트 어 뉴 코트 포 디스 윈터

coffee

[kɔ́(:)fi] 커피 　　　명 커피

커피 가져다 드릴까요?
Can I get you a cup of coffee?
캔 아이 겟 유 어 컵 오브 커피

coin

[kɔin] 코인 　　　명 경화, 동전

그는 마실 것을 사기 위해 동전이 필요하다.
He needs a coin to buy a drink.
히 니즈 어 코인 투 바이 어 드링크

한번 보면 바로 생각나는 영단어　67

cold

[kould] 콜드　　**형** 추운, 차가운

물이 정말 차갑다.
The water is really cold.
더　워터　이스 리얼리　콜드

---

collapse

[kəlǽps] 콜랍스　　**동** 좌절되다

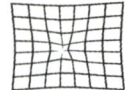

나의 계획은 좌절되었다.
My plan collapsed.
마이　플랜　　콜랍스드

---

colleague

[káli:g] 콜리그　　**명** 동료

그는 내 직장 동료 중 한 명이다.
He is one of my work colleagues.
히 이즈　원　오브 마이　워크　　콜리그스

---

collect

[kálekt] 콜렉트　　**동** 징수하다, 모집하다

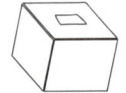

난 학교를 위한 기부금을 모았다.
I collected contributions for a school.
아이 콜렉티드　　컨트리뷰션스　　포 어　스쿨

---

college

[kálidʒ] 콜리지　　**명** 대학

난 대학교를 다닌다.
I go to college.
아이 고 투　콜리지

---

color

[kʌ́lər] 컬러　　**명** 빛깔, 색

내가 가장 좋아하는 색은 빨간색이다.
My favorite color is red.
마이　페이버릿　컬러 이즈 레드

68 English Graphics Grow-up Vocabulary

combine
[kəmbáin] 컴바인   동 결합시키다, 시키다

함께 노력 하자.
Let's combine our efforts.
렛츠 컴바인 아워 에포츠

come
[kʌm] 컴   동 오다

그녀는 학교에 올 것이다.
She will come to the school.
쉬 윌 컴 투 더 스쿨

comfort
[kʌ́mfərt] 컴포트   동 위안하다, 위로하다 명 위로가 되는 사람

그녀는 부모님에게 큰 위로가 된다.
She is a great comfort to her parents.
쉬 이즈 어 그래이트 컴포트 투 허 패런츠

comfortable
[kʌ́mfərtəbl] 컴포터블   형 기분 좋은, 편안한

그녀는 같이 있으면 마음 편한 사람이다.
She is a comfortable person to be with.
쉬 이즈 어 컴포터블 펄슨 투 비 위드

comic book
[kámik buk] 코믹북   명 만화책

그는 만화책을 보고 있다.
He is reading a comic book.
히 이즈 리딩 어 코믹 북

command
[kəmǽnd] 커맨드   동 명령하다, 명하다

그는 조용히 하라고 명령했다.
He commanded silence.
히   커맨디드   사일런스

comment

[kάment] 커멘트   명 비평, 비판

할 말이 없다.
No comment.
  노   커멘트

commission

[kəmíʃən] 커미션   동 위임하다, 위탁

그녀는 화가에게 초상화를 그려 달라고 부탁했다.
She commissioned the artist to paint a picture
 쉬   커미션드   더 아티스트 투 페인트 어 픽쳐
of her.
오브 허

commit

[kəmít] 커밋   동 위탁하다, 맡기다

그 소년은 아저씨의 보호를 받도록 맡겨졌다.
The boy was committed to the care of his uncle.
 더 보이 워즈   커미티드   투 더 캐어 오브 히즈 엉클

common

[kάmən] 커먼   형 공통의, 공동의, 공유의

그건 상식이다.
That's common sense.
 댓츠   커먼   센스

communicate

[kəmjúːnəkèit] 커뮤-니케이트   동 전달하다

난로는 방을 따뜻하게 한다.
A stove communicates heat to a room.
 어 스토브   커뮤니케이츠   힛 투 어 룸

compare

[kəmpɛ́ər] 컴패어   동 비유하다

인생은 흔히 항해에 비유된다.
Life is often compared to a voyage.
라이프 이즈 오프튼   컴패어드 투 어 보야지

70 English Graphics Grow-up Vocabulary

comparison

[kəmpǽrisən] 컴패어리슨   명 유사, 비교

그들은 비교가 안 된다.
There's no comparison between them.
데어 즈 노 컴패어리슨 비트윈 뎀

compete

[kəmpíːt] 컴핏   동 경쟁하다, 겨루다, 경합하다

부상 때문에 존은 결승전에 출전하지 못했다.
An injury prevented John from competing in
언 인쥬리 프리벤티드 존 프럼 컴피팅 인
the final race.
더 파이날 레이스

competitive

[kəmpétitiv] 컴페티티브   형 경쟁의, 경쟁적인, 경쟁에 의한

그녀는 경쟁심이 아주 강하다.
She is very competitive.
쉬 이즈 베리 컴페티티브

complain

[kəmpléin] 컴플레인   동 불평하다, 투덜거리다, 불만을 털어놓다

우리는 아무런 불만이 없다.
We have nothing to complain of.
위 해브 낫띵 투 컴플레인 오브

complaint

[kəmpléint] 컴플라이언트   명 불만

불만 편지가 폭주했다.
Letters of complaint flooded in.
레터스 오브 컴플라이언트 플러디드 인

complete

[kəmplíːt] 컴플리트   동 완성하다, 완전한 것이 되게 하다

이 퍼즐을 완성하는 데 두 단어가 필요하다.
I need two more words to complete the puzzle.
아이 니드 투 모어 워즈 투 컴플리트 더 퍼즐

C

complex
[kámpleks] 컴플렉스   형 복잡한, 착잡한, 얽히고 설킨

복잡한 문제이다.
It is a complex problem.
잇 이즈 어 컴플렉스 프라블럼

complicate
[kámplikət] 컴플리케이트   동 복잡하게 하다, 뒤얽히게 만들다

그것은 문제를 복잡하게 만들 것이다.
That would complicate matters.
댓 우드 컴플리케이트 매터스

component
[kəmpóunənt] 컴포넌트   형 구성하는, 성분의

그것은 접을 수있는 구성 요소로 만들어졌습니다.
It was made into a collapsible component.
잇 워즈 메이드 인투 어 콜랍시블 컴포넌트

compose
[kəmpóuz] 컴포즈   동 조립하다, 구성하다

사실만으로 책이 되는 것은 아니다.
Facts alone do not compose a book.
팩츠 얼론 두 낫 컴포즈 어 북

computer
[kəmpjú:tər] 컴퓨터   명 컴퓨터

그는 컴퓨터를 사용하고 있다.
He is using a computer.
히 이즈 유징 어 컴퓨터

concentrate
[kánsəntrèit] 컨쎈트레이트   동 집중하다

그는 학업에 전념할 수가 없었다.
He couldn't concentrate on academic work.
히 쿠든트 컨쎈트레이트 온 아카데믹 워크

concept

[kánsept] 컨셉트   명 개념

그는 이 문제에 관한 개념이 없다.
He has no concept on this matter.
히 해즈 노 컨셉트 온 디스 매터

---

concern

[kənsə́ːrn] 컨썬   동 관계가 있다

이것은 우리 모두에게 관계가 있다.
This concerns all of us.
디스 컨썬스 올 오브 어스

---

conclude

[kənklúːd] 컨클루드   동 끝내다, 결말짓다, 끝맺다

교가를 부르고 폐회했다.
The meeting was concluded with the college
더 미팅 워즈 컨클루디드 위드 더 칼리지
song.
쏭

---

condition

[kəndíʃən] 컨디션   명 건강 상태

그녀는 혼자 걸을 수 있는 상태가 아니다.
She is in no condition to walk alone.
쉬 이즈 인 노 컨디션 투 워크 얼론

---

conduct

[kándʌkt] 컨덕트   명 행위, 행실, 품행, 행동

그의 신비로운 행동은 이해하기 힘들다.
His mystic conduct is hard to understand.
히즈 미스틱 컨덕트 이즈 하드 투 언더스탠드

---

conference

[kánfərəns] 컨퍼런스   명 협의, 상의, 회의

그는 기자 회견을 열었다.
He called a press conference.
히 콜드 어 프레스 컨퍼런스

confidence

[kánfidəns] 컨피던스 **명** 신임, 신용, 신뢰

그러면 그것을 잘할 것이라는 내 신뢰를 그는 배반했다.
He betrayed my confidence that he would do it well.

---

confirm

[kənfə́ːrm] 컨펌 **동** 굳게 하다

그는 더욱 결심을 굳게 했다.
He was confirmed in his decision.

---

conflict

[kánflikt] 컨플릭트 **명** 다툼, 논쟁 **동** 충돌하다

우리의 이해는 그들의 이해와 상충된다.
Our interests conflict with theirs.

---

confuse

[kənfjúːz] 컨퓨즈 **동** 혼동하다, 헛갈리게 하다

우리는 자유를 방종과 혼동한다.
We confuse liberty with license.

---

connect

[kənékt] 커넥트 **동** 연결하다, 잇다, 결합하다

난 그와 연락이 끊겼다.
I've lost contact with him.

---

conscience

[kánʃəns] 컨싸이언스 **명** 양심, 도의심

그들은 양심이라고는 없다.
They have no conscience.

conscious
[kánʃəs] 컨셔스   형 의식하고 있는, 깨닫고 있는

난 이제 제정신이 들었어.
I've just become conscious.
아이브 저스트 비컴 컨셔스

consent
[kənsént] 컨센트   동 동의하다, 승낙하다, 찬성하다

그는 연설할 것을 승낙했다.
He consented to make a speech.
히 컨센티드 투 메이크 어 스피치

consequence
[kánsəkwèns] 컨세쿠언스   명 결과, 귀결

넌 그 결과를 짐작했어야 한다.
You should have expected the consequences.
유 슈드 해브 익쓰펙티드 더 컨서쿠언시스

conservative
[kənsə́ːrvətiv] 컨설버어티브   형 보수적인, 전통적인, 조심스런

그녀는 돈을 쓰는 데 신중하다.
She is conservative in spending money.
쉬 이즈 컨설버이티브 인 스펜딩 머니

consider
[kənsídər] 컨시더   동 잘 생각하다, 숙고하다

그가 우리를 도와줘야 한다고 생각한다.
We consider that he ought to help us.
위 컨시더 댓 히 아우트 투 헬프 어스

considerable
[kənsídərəbl] 컨시더러블   형 다량의

다량의 거래가 행하여졌다.
A considerable trade was carried on.
어 컨시더러블 트래이드 워즈 캐리드 온

한번 보면 바로 생각나는 영단어 **75**

consist

[kənsíst] 컨시스트   **동** 이루어져있다

물은 수소와 산소로 되어 있다.
Water consists of hydrogen and oxygen.
워터 컨시스츠 오브 하이드로젠 앤 옥시젠

constant

[kánstənt] 컨스탄트   **형** 충실한, 절개가 굳은

그녀에 대한 그의 사랑은 한결같다.
He is constant in his love for her.
히 이즈 컨스탄트 인 히즈 러브 포 허

construct

[kánstrʌkt] 컨스트럭트   **동** 건설하다, 세우다

그들은 새 다리를 놓고 있다.
They are constructing a new bridge.
데이 아 컨스트럭팅 어 뉴 브리지

consume

[kənsjúːm] 컨쑴   **동** 소비하다, 다 써 버리다

내 차는 휘발유를 많이 먹는다.
My car consumes much gas.
마이 카 컨숨스 마치 개스

contact

[kántækt] 컨택트   **명** 연고, 연줄, 연락

난 그와 연락이 끊겼다.
I've lost contact with him.
아이브 로스트 콘택트 위드 힘

contain

[kəntéin] 컨테인   **동** 담고 있다, 포함하다, 품다, 담을 수 있다

각 갑에는 20개의 담배가 들어 있다.
Each pack contains twenty cigarettes.
이취 팩 컨테인스 트웬티 씨가렛츠

contemporary

[kəntémpərèri] 컨템포러리　**형** 같은 시대의

그들은 동시대의 작가들이다.
They are contemporary writers.
데이 아　컨템포러리　라이터스

content

[kəntént] 컨텐트　**형** 만족하여

그녀는 1년 내내 여기에 머무는 데 만족하고 있다.
She is content to stay here all the year.
쉬 이즈 컨텐트 투 스태이 히어 올 더 이어

contract

[kántrækt] 컨트랙트　**명** 계약, 약정

계약은 12월달에 파기된다.
The contract expires in December.
더　컨트랙트　엑스파이어스 인　디쎔버

contrast

[kántræst] 컨트라스트　**명** 차이, 대조적인 것

두 사람은 정반대로구나!
What a contrast between them!
왓 어　콘트라스트　비트윈　뎀

contribute

[kəntríbju:t] 컨트리뷰트　**동** 기부하다

난 빈민 구제를 위해 돈을 기부했다.
I contributed money to relieving the poor.
아이 컨트리뷰티드　머니 투　릴리빙　더　푸어

control

[kəntróul] 컨트롤　**명** 지배, 단속, 관리

넌 네 화를 조절할 줄 알아야 한다.
You need to know how to control your anger.
유 니드 투 노 하우 투 컨트롤 유어 앵거

한번 보면 바로 생각나는 영단어　77

convenience
[kənvíːnjəns] 컨비니언스 명 편의, 편리

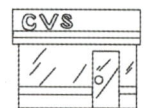

편할 때 오세요.
Please come at your convenience.
플리즈 컴 엣 유어 컨비니언스

convenient
[kənvíːnjənt] 컨비니언트 형 편리한, 사용하기 좋은, 가까운

내 집은 역에 가깝다.
My house is convenient to the station.
마이 하우스 이즈 컨비니언트 투 더 스테이션

convention
[kənvénʃən] 컨벤션 명 관습, 풍습

사회적 관습이다.
It is a social convention.
잇 이즈 어 소셜 컨벤션

conversation
[kɑ̀nvərséiʃən] 컨버새이션 명 대화

이야기 나눠서 즐거웠어요.
I enjoyed our conversation.
아이 인조이드 아워 컨버새이션

convert
[kánvəːrt] 컨버트 동 개장하다

난 지하실을 여분의 침실로 개조했다.
I converted the basement into the spare
아이 컨버티드 더 배이스먼트 인투 더 스패어
bedroom.
베드룸

convince
[kənvíns] 컨빈스 동 확신시키다, 납득시키다

그녀를 설득해 머리를 짧게 깎도록 했다.
I convinced her to cut her hair short.
아이 컨빈스드 허 투 컷 허 해어 쇼트

cook
[kuk] 쿡   명 요리사

그는 훌륭한 요리사 이다.
He is a very good cook.
히 이즈 어 베리 굳 쿡

cool
[ku:l] 쿨   형 시원한, 서늘한

이 방은 시원하다.
It's cool in this room.
잇츠 쿨 인 디스 룸

cope
[koup] 콥   동 극복하다

난 곤란을 잘 극복한다.
I cope with difficulties well.
아이 콥 위드 디피컬티스 웰

copy
[kápi] 카피   동 복사하다

그녀는 기록용으로 그 수표를 복사했다.
She made a copy of the check for her records.
쉬 메이드 어 카피 오브 더 체크 포 허 레커즈

corner
[kɔ́:rnər] 코너   명 구석, 모퉁이

저 모퉁이에서 오른쪽으로 가라.
Take a right at the corner.
테이크 어 롸이트 엣 더 코너

corporate
[kɔ́:rpərit] 코포래이트   형 단체의, 집합적인, 공동의

그것은 공동의 책임이다.
That is corporate responsibility.
댓 이즈 코포래이트 리스판스빌리티

cottage
[kátidʒ] 커티지   명 시골집, 작은 집

난 근처의 작은 집에 산다.
They live in a cottage near by.
데이 리브 인 어 커티지 니어 바이

cotton
[kátən] 코튼   동 좋아지다, 친해지다

나는 그가 아무래도 좋아지지 않는다.
I don't cotton to him at all.
아이 돈트 코튼 투 힘 엣 올

cough
[kɔ(:)f] 커프   동 기침하다, 기침 소리를 내다

네 기침을 위해 이 약을 추천한다.
I recommend these pills for your cough.
아이 레코멘드 디즈 필즈 포 유어 커프

count
[kaunt] 카운트   동 세다

나는 돈을 셀 것이다.
I will count the money.
아이 윌 카운트 더 머니

country
[kʌ́ntri] 컨트리   명 나라, 국가, 시골

당신의 나라는 어디 있습니까?
Where is your country?
웨얼 이즈 유얼 컨트리

courage
[kə́:ridʒ] 커리지   명 용기, 담력, 배짱

그는 전장에서 대단한 용기를 보여주었다.
He showed great courage in battle.
히 쇼드 그레잇 커리지 인 배틀

course

[kɔːrs] 코스　　　　명 과목, 경로

그 차는 경로를 제대로 따라가고 있었다.
The car was right on course.
더 카 워즈 롸잇 언 코스

court

[kɔːrt] 코트　　　　명 법정, 법원

그는 법정에서 아주 중요하다.
He is important at court.
히 이즈 임포턴트 엣 코트

cousin

[kʌ́zən] 커슨　　　　명 사촌

그는 사촌을 만나러 갈 것이다.
He will go visit his cousin.
히 윌 고 비짓 히스 커슨

cover

[kʌ́vər] 커버　　　　동 가리다, 덮다

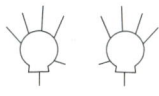

장갑으로 손을 덮어라.
Cover your hands with gloves.
커버 유얼 핸스 위드 글로브스

cow

[kau] 카우　　　　명 암소

쇠고기는 beef라고 한다.
The meat of the cow is beef.
더 밋트 오브 더 카우 이스 비프

crack

[kræk] 크랙　　　　명 갈라진 금, 틈

창을 조금만 열어라.
Open the window a crack.
오픈 더 윈도우 어 크랙

crash

[kræʃ] 크래쉬　　**동** 부서지다

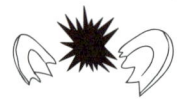

접시가 쨍그렁 하고 마룻바닥에 떨어져 산산조각이 났다.
The dishes crashed to the floor.
더　디쉬스　크래쉬드　투　더　플로워

crayon

[kréiɑn] 크레용　　**명** 크레용

아이가 그림을 그리기 위해 크레용을 쓰고 있다.
The child is using a crayon to draw a picture.
더　차일드　이스　유징　어　크레용　투　드로우　어　픽쳐

crazy

[kréizi] 크레이지　　**형** 흥분해 있는, 미치광이 같은

그 소음 때문에 미칠 것 같다.
The noise is driving me crazy.
더　노이즈　이즈　드라이빙　미　크래이지

cream

[kri:m] 크림　　**명** 크림, 크림색의

그녀는 와플에 휩 크림을 발라먹는 것을 좋아한다.
She likes to put whipped cream on the waffles.
쉬　라익스　투　풋　휩　크림　언　더　와플스

create

[kriéit] 크리애이트　　**동** 창조하다

사람은 모두 평등하게 태어났다.
All men are created equal.
올　멘　아　크리애이티드　이퀄

creature

[krí:tʃər] 크리쳐　　**명** 생물

용은 정말 멋진 생물이다.
The dragon is a fabulous creature.
더　드래곤　이즈　어　패뷸러스　크리쳐

credit

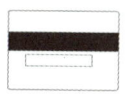

[krédit] 크레딧   명 신뢰, 신용, 신용 판매

현금입니까 카드입니까?
Cash or credit card?
캐쉬 오 크레딧 카드

creep

[kri:p] 크립   동 살금살금 걷다, 살살 기다

우리 차는 교통 혼잡 속에서 느릿느릿 나아갔다.
Our car crept through heavy traffic.
아워 카 크렙트 뜨루 헤비 트래픽

crime

[kraim] 크라임   명 죄, 범죄

그는 중죄를 범했다.
He committed a serious crime.
히 커미티드 어 씨리어스 크라임

crisis

[kráisəs] 크라이시스   명 위기, 결정적 단계, 중대 국면

그녀는 재정 금융 위기를 겪고 있다.
She is going through a financial crisis.
쉬 이즈 고잉 뜨루 어 파이낸샬 크라이시스

criticize

[krítisàiz] 크리티사이즈   동 비난하다, 혹평하다

자기 자신의 작품을 비난하는 것은 어렵다.
It's hard to criticize one's own work.
잇트 하드 투 크리티사이즈 원즈 온 워크

crop

[krɑp] 크롭   동 잘라 먹다

양이 풀을 아주 짧게 뜯어 먹었다.
The sheep have cropped the grass very short.
더 쉽 해브 크롭드 더 그래스 베리 쇼트

cross

[krɔ(:)s] 크로스   명 십자가 동 지나가다

지레 걱정하지 마라.
Don't cross the bridge until you come to it.
돈트 크로스 더 브리지 언틸 유 컴 투 잇

crowd

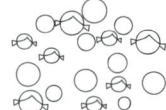

[kraud] 크라우드   명 다수, 많음

나는 할 일이 태산 같다.
I have crowds of things to do.
아이 해브 크라우즈 오브 띵스 투 두

crown

[kraun] 크라운   동 관을 씌우다, 왕위에 앉히다

국민은 그를 왕위에 앉혔다.
The people crowned him king.
더 피플 크라운드 힘 킹

crucial

[krúːʃəl] 크루샬   형 결정적인

이건 결정적인 순간이다.
It is a crucial moment.
잇 이즈 어 크루샬 모먼트

cruel

[krúː(ː)əl] 크루얼   형 잔혹한, 잔인한, 무자비한

동물을 학대하지 말아라.
Don't be cruel to animals.
돈트 비 크루얼 투 애니멀즈

crush

[krʌʃ] 크러쉬   동 눌러 부수다, 뭉개다, 짜부라뜨리다

모자가 납작하게 짜부라졌다.
My hat was crushed flat.
마이 햇 워즈 크러쉬드 플랫

cry

[krai] 크라이   동 울다, 외치다

혼자 있을 때 울지 말아라.
Don't cry when you are alone.
돈트 크라이 웬 유 알 얼론

culture

[kʌ́ltʃər] 컬처   명 교양, 세련

그는 교양 있는 사람이다.
He is a man of culture.
히 이즈 어 맨 오브 컬처

cup

[kʌp] 컵   명 컵, 잔

책상 위에 컵이 있다.
The cup is on the table.
더 컵 이스 언 더 테이블

cure

[kjuər] 큐어   동 치료하다, 고치다

시간은 그의 슬픔을 가시게 해 주었다.
Time cured him of his grief.
타임 큐어드 힘 오브 히즈 그리프

curious

[kjú(:)əriəs] 큐리어스   형 호기심이 강한, 알고 싶어하는

알고 싶다.
I'm curious to know.
아이엠 큐리어스 투 노

currency

[kə́:rənsi] 커런시   명 통화, 통화 유통액

영국의 통화는 파운드와 페니이다.
British currency is in pounds and pennies.
브리티쉬 커런시 이즈 인 파운즈 앤 페니스

current

[kə́:rənt] 커런트 　　🔵형 지금의, 현재의

난 현재 바쁘다.
I'm currently busy.
아이엠　커런틀리　비지

curtain

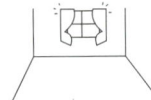

[kə́:rtən] 커튼 　　🔵명 커튼

그녀의 방에 핑크색 커튼이 있다.
She has a pink curtain in her room.
쉬　헤스 어　핑크　커튼　인　헐　룸

curve

[kə:rv] 커브 　　🔵명 곡선 🔵동 구부러지다, 만곡하다

도로가 그 주유소 주위를 돌아 나 있다.
The road curves round the gas station.
더　로드　커브스　라운드　더　개스　스태이션

custom

[kʌ́stəm] 커스텀 　　🔵명 풍습, 관습, 관례

습관은 제2의 천성이다.
Custom is second nature.
커스텀　이즈　세컨드　내이쳐

customer

[kʌ́stəmər] 커스토머 　　🔵명 손님

그는 다루기 힘든 손님이다.
He is a difficult customer to deal with.
히　이즈 어　디피컬트　커스토머　투　딜　위드

cut

[kʌt] 컷 　　🔵동 자르다

그녀는 머리카락을 자르고 싶어한다.
She wants to cut her hair.
쉬　원츠　투　컷　헐　헤어

cute [kju:t] 큐트   형 귀여운

그 아기는 매우 귀엽다.
The baby is very cute.
더 베이비 이스 베리 큐트

알파벳 'C'의 유래

'C'는 원시나이어 알파벳의 세 번째 철자인 'GUIMEL'에서 파생되었다. 이 'GUIMEL'이라는 단어는 '낙타'를 의미하는 'GAMAL'에서 유래했다.
이 글자의 원래 모양은 낙타의 혹의 모양에서 따왔다. 낙타는 다른 곳으로 가는 운반 도구이다. 이 동물 덕택에 여행, 지리적 분리, 심리적 단절 등을 극복할 수 있었다. 여기서 단절, 가져가기, 선행하기 등의 의미가 파생됐다.

English Korean

dad
[dæd] 대드 · 명 아빠

우리 아빠는 경찰관이다.
My dad is a policeman.
마이 대드 이스 어 폴리스맨

damage
[dǽmidʒ] 대매지 · 명 비용, 대가

How Much

비용이 얼마요?
What's the damage?
왓츠 더 대매지

damp
[dæmp] 댐프 · 형 축축한, 습기찬

축축한 공기는 옷을 부패할 수 있다.
Damp air can decompose clothes.
댐프 애어 캔 디컴포즈 클로즈

dance
[dæns] 댄스 · 동 춤추다

모두 함께 춤을 추자.
Let's dance all together.
렛츠 댄스 올 투게더

danger
[déindʒər] 댄저 · 명 위험

위험! 낙석 주의.
Danger! Falling Rocks.
댄저 폴링 락스

88 English Graphics Grow-up Vocabulary

dare

[dɛər] 대어   동 감히 ~하다

싸울 용기가 있을까?
Dare he fight?
대어 히 파이트

dark

[dɑːrk] 다크   형 캄캄한, 어두운

밖에 나가서 놀기에는 너무 어둡다.
It's too dark to play outside.
잇츠 투 다크 투 플레이 아웃사이드

data

[déitə] 데이터   명 데이터, 자료

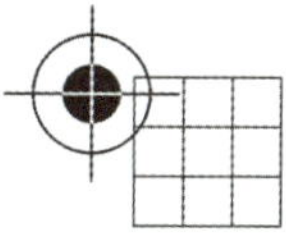

이 데이터는 정확하다.
These data are accurate.
디즈 데이타 아 아큐래이트

date

[deit] 데이트   명 날짜

오늘 날짜가 어떻게 되지?
What's the date today?
왓스 더 데이트 투데이

daughter

[dɔ́ːtər] 더털   명 딸

그는 딸과 아들이 있다.
He has a daughter and a son.
히 해스 어 더털 엔드 어 썬

day

[dei] 데이   명 낮, 하루, ~일

그는 하루에 일곱 시간 잔다.
He sleeps seven hours a day.
히 슬립스 세븐 아월스 어 데이

dead
[ded] 데드 — 형 (죽은 듯이)조용한, 죽은

그의 개는 죽었다.
His dog is dead.
히스 도그 이스 데드

deaf
[def] 대프 — 형 귀머거리의, 귀가 먼

그는 귀가 멀었다.
He is deaf.
히 이즈 대프

deal
[di:l] 딜 — 동 카드 패를 돌리다

그에게는 으뜸패가 7장 돌려졌다.
He had been dealt seven trumps.
히 해드 빈 딜트 세븐 트럼즈

death
[deθ] 대쓰 — 명 죽음, 사망

죽음은 피할 수 없다.
Death is inevitable.
대쓰 이즈 인에비타블

debate
[dibéit] 디베이트 — 동 검토하다

갈까 말까 숙고 중이었다.
I was debating in my mind whether to go or not.
아이 워즈 디베이팅 인 마이 마인드 웨더 투 고 올 낫

debt
[det] 데트 — 명 빚, 부채, 채무

네 빚이 얼마니?
How much is your debt?
하우 마취 이즈 유어 데트

decade

[dékeid] 데케이드　**명** 10년간

십년이 되었다.
It's been a decade.
잇 빈 어 데케이드

decide

[disáid] 디사이드　**동** 결심하다

다음 달에 회의를 개최하기로 결정되었다.
It has been decided that the conference will be
잇 해즈 빈 디사이디드 댓 더 컨퍼런스 윌 비
next month.
넥스트 먼쓰

decision

[disíʒən] 디시전　**명** 결단력, 과단성

그는 결단력이 없다.
He lacks decision.
히 랙스 디시전

declare

[diklέər] 디클래어　**동** 공표하다, 선고하다

피고는 유죄를 선고받았다.
The accused was declared guilty.
더 아큐즈드 워즈 디클래어드 길티

decline

[dikláin] 디클라인　**동** 거절하다

그는 해명하기를 거부했다.
He declined to explain.
히 디클라인드 투 익스플래인

decrease

[díːkriːs] 디크리즈　**동** 줄다, 감소하다

그의 영향력은 서서히 줄었다.
His influence slowly decreased.
히즈 인플루언스 슬로울리 디크리스드

deep

[diːp] 딥   형 깊은, 깊숙이 들어간

그 강은 수영을 하기에는 너무 깊다.
The river is too deep to swim.
더 리버 이스 투 딥 투 스윔

deer

[diər] 디얼   명 사슴

사슴이 달아나고 있다.
The deer is running away.
더 디얼 이스 러닝 어웨이

defeat

[difíːt] 디피트   동 처부수다, 패배시키다

우리의 목적은 적을 무찌르는 것이다.
Our goal is to defeat the enemies.
아워 골 이즈 투 디피트 디 에너미스

defend

[difénd] 디팬드   동 방어하다, 지키다

그들은 도시를 공격에서 지켰다.
They defended the city against the attack.
데이 디팬디드 더 씨티 어겐스트 디 어택

define

[difáin] 디파인   동 정의를 내리다, 명백히 보여주다

이성이 인간의 특징이다.
Reason defines man.
리즌 디파인즈 맨

definite

[défənit] 데피니트   형 분명히 한정된, 확정된, 명확한

그것이 내 확답이다.
That is my definite answer.
댓 이즈 마이 데피니트 앤서

degree
[digríː] 디그리 **명** 등급, 학위

난 경제학 박사 학위를 받았다.
I took the doctor's degree in economics.
아이 툭 더 닥터스 디그리 인 이코노믹스

delay
[diléi] 딜래이 **동** 늦추다, 지체시키다

무지가 진보를 늦춘다.
Ignorance delays progress.
이그노란스 딜래이즈 프로그레스

deliberate
[delíbərit] 델리버래이트 **동** 숙고하다

그들은 그가 한 말을 검토하고 있다.
They are deliberating on what he said.
데이 아 델리버래이팅 온 왓 히 새드

delicate
[déləkit] 델리캐이트 **형** 정밀한, 정교한, 연약한, 가냘픈

그는 그의 가냘픈 난초를 돌보았다.
He nursed his delicate orchids.
히 너스드 히즈 델리캐이트 올키즈

delight
[diláit] 딜라잇 **명** 기쁘게 하는 것, 낙, 즐거운 것

춤이 그녀의 낙이다.
Dancing is her delight.
댄싱 이즈 허 딜라잇

deliver
[dilívər] 델리버 **동** 배달하다, 분만하다

그녀는 사내아이를 분만했다.
She was delivered of a boy.
쉬 워즈 델리버드 오브 어 보이

demand
[dimǽnd] 디맨드　　동 요구하다

그는 모든 것을 말하라고 요구했다.
He demanded to be told everything.
히　디맨디드　투 비 톨드　에브리띵

---

democracy
[dimάkrəsi] 디모그래씨　　명 민주주의, 민주제

진정한 민주주의는 언론의 자유를 허락한다.
A true democracy allows free speech.
어 트루　디모그래씨　얼라우스　프리　스피치

---

demonstrate
[démənstrèit] 데먼스트래이트　　동 증명하다

그는 지구가 둥글다는 것을 증명했다.
He demonstrated that the earth is round.
히　데몬스트래이티드　댓　디　어쓰 이즈 라운드

---

deny
[dinái] 디나이　　동 부인하다

그는 그런 말을 하지 않았다고 했다.
He denied having said so.
히　디나이드　해빙　새드 소

---

department
[dipά:rtmənt] 디파트먼트　　명 부서, 분야

그것은 자네 분야이다.
That's your department.
댓츠　유어　디파트먼트

---

depend
[dipénd] 디펜드　　동 믿다, 신뢰하다

나는 네 말을 믿는다.
I depend on your word.
아이 디펜드　온　유어　워드

depress

[diprés] 디프레스　　**동** 낙담시키다, 우울하게 하다

직장을 잃고 그는 의기소침했다.
The loss of his job depressed him.
더　로스　오브 히즈　잡　디프레스드　힘

depth

[depθ] 뎁쓰　　**명** 깊이, 심각성

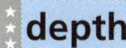

너는 문제의 심각성을 이해하지 못한다.
You don't understand the depth of this problem.
유　돈트　언더스탠드　더　뎁쓰　오브 디스　프라블럼

derive

[diráiv] 디라이브　　**동** 끌어내다, 얻다

그는 그 일에서 많은 이익을 얻었다.
He derived a lot of profit from the business.
히　디라이브드 어 랏 오브 프로핏　프럼　더　비즈니스

describe

[diskráib] 디스크라이브　　**동** 묘사하다, 기술하다

말로는 그 광경을 설명할 수 없다.
Words cannot describe the scene.
워즈　캔낫　디스크라이브　더　씬

desert

[dézərt] 데저트　　**동** 없어지다

그는 자신을 잃었다.
His self-assurance deserted him.
히즈　셀프　어슈어런스　데서티드　힘

deserve

[dizə́:rv] 디저브　　**동** ~할 만하다

그의 행위는 칭찬받을 만하다.
His conduct deserves to be praised.
히즈　컨덕트　디저브스　투 비　프래이즈드

desire

[dizáiər] 디자이어   동 몹시 바라다, 욕구하다

우리는 모두 성공을 바란다.
We all desire success.
위 올 디자이어 썩쎄스

---

desk

[desk] 데스그   명 책상

이 책상은 나무로 만들어 졌다.
This desk is made of wood.
디스 데스크 이스 메이드 오브 우드

---

despite

[dispáit] 디스파이트   전 …에도 불구하고

그들은 비가 오는 데도 불구하고 산책을 나갔다.
They went for a walk despite the rain.
데이 웬 포 어 워크 디스파이트 더 래인

---

destroy

[distrɔ́i] 디스트로이   동 파괴하다

그 건물은 폭탄으로 파괴되었다.
The building was destroyed by a bomb.
더 빌딩 워즈 디스트로이드 바이 어 밤

---

detail

[ditéil] 디테일   명 세부, 세목, 항목

하지만 그것은 사소한 일이잖아요.
But that is a detail.
벗 댓 이즈 어 디테일

---

detect

[ditékt] 디텍트   동 발견하다

그것은 연기 냄새를 탐지했다.
It detected the smell of smoke.
잇 디텍티드 더 스멜 오브 스모크

determine
[ditə́ːrmin] 디터민 　동 결심시키다

이로써 나는 즉시 행동하기로 결심했다.
This determined me to act at once.
디스 　디털민드 　미 투 액트 엣 원스

develop
[divéləp] 디벨로프 　동 발달시키다, 발전시키다

예술은 감성을 함양한다.
Art develops our sensibility.
아트 　디벨롭스 　아워 　센시빌리티

devote
[divóut] 디보트 　동 바치다, 쏟다, 기울이다

그녀는 교육에 일생을 바쳤다.
She devoted her life to education.
쉬 　디보티드 　허 라이프 투 　에듀케이션

dial
[dáiəl] 다이얼 　동 전화 걸다, 다이얼을 돌리다

이 번호로 전화를 걸어도 되나요?
Can I dial this number?
캔 아이 다이얼 디스 　넘버

diary
[dáiəri] 다이어리 　명 일기

그녀는 매일 일기를 쓴다.
She writes in her diary every day.
쉬 　롸잇츠 인 허 다이어리 에브리 데이

dictionary
[díkʃənèri] 딕셔너리 　명 사전, 사서, 자전

단어를 사전에서 찾아본다.
I look up a word in a dictionary.
아이 룩 　업 어 워드 인 어 　딕셔너리

D

die
[dai] 다이   동 죽다, 사망하다

난 죽기 전에 부자가 될 것이다.
I will be rich before I die.
아이 윌 비 리치 비포 아이 다이

diet
[dáiət] 다이어트   명 체중 감량식, 규정식

엄격한 다이어트는 널 날씬하게 만들어 줄 것이다.
A rigid diet will make you slimmer.
어 리지드 다이어트 윌 매이크 유 슬리머

difference
[dífərəns] 디퍼런스   명 다름, 상위, 차이, 차이점

난 그 차이를 구별할 수 있다.
I can tell the difference.
아이 캔 텔 더 디퍼런스

difficulty
[dífəkÀlti] 디피커티   명 곤란, 어려움

또 하나의 어려움이 발생했다.
Another difficulty arose.
어너더 디피커티 어로즈

dig
[dig] 디그   동 파다, 파헤치다

무덤을 파헤치지 말아라.
Don't dig a grave open.
돈트 디그 어 그래이브 오픈

dinner
[dínər] 디너   명 저녁식사

오늘의 저녁식사는 햄버거 이다.
Today's dinner is a hamburger.
투데이스 디너 이스 어 햄버거

98 English Graphics Grow-up Vocabulary

direct
[dirékt] 디렉트　　　　동 지도하다, 명령하다

그는 그녀에게 비밀을 지킬 것을 명령했다.
He directed her to keep the secret.
히　디렉티드　허　투　킵　더　씨크릿

dirty
[də́:rti] 덜티　　　　형 더러운

내 손이 더럽다.
My hands are dirty.
마이　핸스　알　덜티

disappear
[dìsəpíər] 디스어피어　　　동 사라지다, 안 보이게 되다

그는 군중 속으로 사라지다.
He disappeared in the crowd.
히　디스어피어드　인　더　크라우드

disappoint
[dìsəpɔ́int] 디스어포인트　　　동 실망시키다

그의 강연에 우리는 실망했다.
His lecture disappointed us.
히즈　렉처　디스어포인티드　어스

disaster
[dizǽstər] 디재스터　　　명 재해, 재앙, 대참사, 엉망진창인 것

파티는 완전히 엉망으로 끝났다.
The party was a total disaster.
더　파티　워즈　어　토탈　디재스터

discipline
[dísəplin] 디써플랜　　　동 벌하다, 징계하다

그들은 정직하지 않다고 아들을 벌주었다.
They disciplined their son for dishonesty.
데이　디써플랜드　데어　손　포　디스어니스트

discover

[diskʌ́vər] 디스커버   동 발견하다, 알다, 깨닫다

그들은 어디에 보물이 묻혀 있는지를 알아냈다.
They discovered where the treasure was buried.
데이   디스커버드   웨어   더   트래져   워즈   배리드

discuss

[diskʌ́s] 디스커스   동 논의하다, 토론하다

나는 그와 그 문제를 논의했다.
I discussed the problem with him.
아이 디스커스드   더   프라블럼   위드   힘

disease

[dizíːz] 디지스   명 병, 질병, 질환

쥐는 병을 퍼뜨린다.
Rats spread disease.
랫츠   스프래드   디지스

dish

[diʃ] 디쉬   명 접시

접시를 닦는 것을 잊지 말아라.
Don't forget to wash your dish.
돈트   폴겟   투   워시   유얼   디쉬

dismiss

[dismís] 디스미스   동 해산시키다, 산회시키다

그 장교는 군대에서 제적되었다.
The officer was dismissed from the army.
더   오피써   워즈   디스미스드   프럼   디   아미

display

[displéi] 디스플래이   동 전시하다, 진열하다, 장식하다

여러 가지 스타일의 정장들이 진열창에 진열되어 있다.
Various styles of suits are displayed in the shop
바리어스   스타일즈   오브   숫츠   아   디스플레이드   인   더   샵
windows.
윈도우

distance

[dístəns] 디스턴스 **명** 먼 거리, 먼 곳

인도는 아주 멀다.
India is a great distance away.
인디아 이즈 어 그래이트 디스턴스 어웨이

distinct

[distíŋkt] 디스팅트 **형** 별개의, 다른

나비는 나방과는 종류가 다르다.
Butterflies are distinct from moths.
버터플라이즈 아 디스팅트 프럼 먼쓰

distinguish

[distíŋgwiʃ] 디스팅귀시 **동** …의 차이를 나타내다

긴 코가 코끼리의 특징이다.
A trunk distinguishes the elephant.
어 트렁크 디스팅귀시스 디 엘리펀트

distribute

[distríbju(:)t] 디스트리뷰트 **동** 살포하다, 분포시키다

그 곤충은 온 세계에 널리 분포되어 있다.
The insect is distributed widely throughout the world.
더 인섹트 이즈 디스트리뷰티드 와일들리 뜨루아웃 더 월드

district

[dístrikt] 디스트릭트 **명** 지구, 지역, 구역

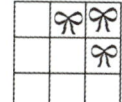

이곳이 도시의 쇼핑 지구이다.
This is the shopping district of the town.
디스 이즈 더 샤핑 디스트릭트 오브 더 타운

disturb

[distə́ːrb] 디스터브 **동** 방해하다, 어지럽히다

내 질문으로 방해해서 미안합니다.
I'm sorry to disturb you with this question.
아이엠 쏘리 투 디스터브 유 위드 디스 퀘스천

한번 보면 바로 생각나는 영단어 **101**

D

divide
[diváid] 디바이드   **동** 나누다, 쪼개다, 분할하다

그들은 이익을 어떻게 나누었는가?
How did they divide the profits up?
하우 디드 데이 디바이드 더 프로핏츠 업

do
[dou] 두   **동** ~을 하다, 행하다, 의문문·부정문의 조동사

음식이 조금 있습니까?
Do you have some food?
두 유 해브 썸 푸드

doctor
[dáktər] 닥터   **명** 의사

슈바이처는 유명한 의사였다.
Schweitzer was a famous doctor.
슈와이처 워스 어 페이머스 닥터

document
[dákjəmənt] 다큐먼트   **명** 문서, 서류, 조서

내 문서들이 어디에 있는 줄 아니?
Do you know where my documents are?
두 유 노 웨어 마이 다큐먼츠 아

dog
[dɔːg] 도그   **명** 개

개가 의자 위에서 자고 있다.
The dog is sleeping on the chair.
더 도그 이스 슬리핑 언 더 체어

doll
[dɑl] 덜   **명** 인형

그녀는 그녀의 인형을 아주 좋아한다.
She likes her doll very much.
쉬 라익스 헐 덜 베리 머취

102 English Graphics Grow-up Vocabulary

dollar

[dálər] 달러　　**명** 달러(미국의 화폐단위)

그는 지갑에 20달러가 있다.
He has twenty dollars in his wallet.
히 해스 트웬티 달러스 인 히스 월렛

dolphin

[dálfin] 돌핀　　**명** 돌고래

그는 돌고래 조련사 이다.
He is a dolphin trainer.
히 이스 어 돌핀 트레이너

domestic

[dəméstik] 도메스틱　　**형** 가정의, 가사의, 국내의

MADE IN

우리는 국산품을 애용해야 한다.
We should use domestic products.
위 슈드 유즈 도메스틱 프로덕츠

dominate

[dámənèit] 도미네이트　　**동** 지배력을 발휘하다, 위압하다

가격은 다른 모든 생각들을 위압하는 경향이 있다.
Price tends to dominate all other considerations.
프라이스 텐즈 투 도미네이트 올 아더 컨시더레이션스

door

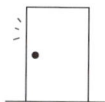

[dɔːr] 도어　　**명** 문

문이 닫혀있다.
The door is closed.
더 도어 이스 클로스드

double

[dʌ́bl] 더블　　**형** 두 배의, 갑절의

난 어제 갑절의 일을 했다.
I double worked yesterday.
아이 더블 워크드 예스터데이

D

doubt
[daut] 다우트   동 의심하다, 수상히 여기다

나는 그녀의 정직성을 의심한다.
I doubt her honesty.
아이 다우트 허 허니스트

down
[daun] 다운   부 아래로, 낮은 곳으로

이 엘리베이터는 내려가나요?
Is this elevator going down?
이스 디스 엘리베이터 고잉 다운

dramatic
[drəmǽtik] 드라마틱   형 극적인, 연극 같은

그것은 극적인 사건이었다.
That was a dramatic event.
댓 워즈 어 드라마틱 이벤트

draw
[drɔː] 드로우   동 ~을 그리다, 끌다, 끌어 당기다

그는 그림을 그리고 있다.
He is drawing a picture.
히 이스 드로잉 어 픽쳐

drawer
[drɔːr] 드로워   명 서랍

제일 위쪽 서랍에 있어.
It's in the top drawer.
잇츠 인 더 탑 드로워

dream
[driːm] 드림   명 꿈

그녀는 어제 악몽을 꾸었다.
She had a bad dream last night.
쉬 헤드 어 배드 드림 라스트 나잇

dress

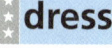

[dres] 드레스   명 드레스, 옷 동 옷 입다

그녀는 웨딩 드레스가 필요하다.
She needs a wedding dress.
쉬 니스 어 웨딩 드레스

drink

[driŋk] 드링크   동 (물이나 음료 등을) 마시다

그는 콜라를 마실 것이다.
He will drink a coke.
히 윌 드링크 어 코크

drive

[draiv] 드라이브   동 운전하다

그는 자동차 운전을 좋아한다.
He likes to drive a car.
히 라익스 투 드라이브 어 카

drop

[drɑp] 드롭   동 ~을 떨어뜨리다

컵을 떨어뜨리지 말아라.
Don't drop the cup.
돈트 드롭 더 컵

drug

[drʌg] 드러그   명 약, 약제, 약품

약이 말을 들으려면 오래 걸리나요?
Does this drug take long to act?
더즈 디스 드러그 테이크 롱 투 액트

drum

[drʌm] 드럼   명 북, 드럼

그는 드럼을 어떻게 연주하는지 알고 있다.
He knows how to play the drums.
히 노스 하우 투 플레이 더 드럼스

D

dry
[drai] 드라이   ⑱ 마른, 건조한

수건이 아직 마르지 않았다.
The towel is not dry yet.
더 타월 이스 낫 드라이 옛

duck
[dʌk] 덕   ⑲ 오리

오리가 호수에서 헤엄치고 있다.
The duck is swimming on the lake.
더 덕 이스 스위밍 언 더 레이크

due
[dju:] 듀   ⑱ 지불 기일이 된, 당연히 치러야 할

이 어음은 만기가 되었다.
This bill is due.
디스 빌 이즈 듀

dull
[dʌl] 둘   ⑱ 분명치 않은, 둔한, 잘 팔리지 않는

거래가 한산하다.
Trade is dull.
트래이드 이즈 둘

during
[djúː(ː)əriŋ] 듀링   ㉠ …사이에, …하는 중에

그는 내가 없을 때에 왔다.
He came during my absence.
히 캐임 듀링 마이 앱센스

dust
[dʌst] 더스트   ⑲ 자욱한 먼지, 흙먼지 ⑧ 뿌리다

그는 식물에 살충제를 뿌렸다.
I dusted plants with insecticide.
아이 더스티드 플랜츠 위드 인섹티사이드

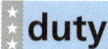 **duty** [djúːti] 듀티 **명** 의무, 본분

그것은 내 의무이다.
That is my duty.
댓 이즈 마이 듀티

D-Day의 유래에 대한 여러 가지 설

기념일이나 행사, 시험 등 중요한 날을 가리켜 "D - day"라고 하는데, "D - day"가 어디서 유래했는지에 대해서는 여러 가지 설이 있습니다. 원래 "D - day"는 제2차 세계대전 때 연합군이 독일군에 대항해 노르망디 상륙작전을 개시한 1944년 6월6일을 뜻하는 말이었습니다.

이와는 다르게 "D - day"의 유래를 설명하는 설도 있습니다. 연합군이 노르망디에 상륙하자, 후퇴했던 독일군이 독일의 드레스덴에 이르렀는데 문화유적이 많은 이곳엔 폭격을 가하지 않으리라는 독일군의 예상을 뒤엎고 연합군이 폭격을 가해 수많은 사상자가 생겼습니다. 드레스덴이 폭격 당한 이 날을 가리켜 드레스덴의 "D"를 따와 "D - day"가 되었다는 것입니다.

그 밖에도 최후의 심판일(doomsday), 마감일(due-day), 가장 중요한 날(day of day) 등에서 "D - day"가 유래 되었다고 보기도 합니다.

English Korean

eager
[íːgər] 이거 **형** 열망하는

그 아이는 그 장난감을 몹시 갖고 싶어한다.
The child is eager to have the plaything.
더 차일드 이즈 이거 투 해브 더   플래이띵

ear
[iər] 이어 **명** 귀

내 왼쪽 귀가 아프다.
My left ear aches a lot.
마이 레프트 이어 에잌스 어 랏

early
[ə́ːrli] 얼리 **부** 일찍

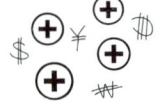

점심을 먹기에는 너무 이르다.
It's too early to eat lunch.
잇츠 투 얼리 투 잇 런치

earn
[əːrn] 언 **동** 낳다, 얻게 하다

잘 투자된 돈은 충분한 이익을 올린다.
Money well invested earns good interest.
머니 웰 인베스티드   언스 굿 인터레스트

earth
[əːrθ] 얼스 **명** 지구, 땅

우리는 지구에서 살고 있다.
We are living on the earth.
위 알 리빙 언 디 얼스

108 English Graphics Grow-up Vocabulary

ease

[iːz] 이즈　　　　　　동 진정시키다, 덜다

음악이 나의 마음을 달래주었다.
Music eased my mind.
뮤직　이즈드　마이　마인드

east

[iːst] 이스트　　　　　명 동쪽

태양은 동쪽에서 떠오른다.
The sun rises from the east.
더　썬　라이즈스　프럼　더　이스트

echo

[ékou] 에코　　　　　　명 메아리

언덕에서 메아리가 돌아왔다.
The hills sent back an echo.
더　힐스　센트　백　언　에코

economy

[ikánəmi] 이코노미　　　명 경제

경제는 모든 다른 문제들보다 우선이다.
Economy precedes every other problem.
이코노미　프리씨즈　에브리　아더　프라블럼

edge

[edʒ] 에지　　　　　　동 …에 테를 달다, 언저리가 되다

마을은 언덕에 둘러싸여 있다.
Hills edge the village.
힐즈　에지　더　빌리지

educate

[édʒukèit] 에듀케이트　동 학교에 보내다, 교육을 받게 하다

그는 법률 교육을 받고 있다.
He is educated in law.
히　이즈　에듀케이티드　인　로

effect

[ifékt] 이펙트   명 취지, 의미, 효과, 영향

다음과 같은 취지의 편지를 받았다.
I received a letter to the following effect.
아이 리씨브드 어 레터 투 더 팔로잉 이펙트

effort

[éfərt] 에포트   명 노력의 성과

그의 솜씨는 매우 훌륭했다.
His performance was a pretty good effort.
히즈 퍼포먼스 워즈 어 프리티 굿 에포트

either

[áiːðər] 아이더   형 어느 한쪽의

테이블의 어느 끝 쪽에든 앉으시오.
You may sit at either end of the table.
유 매이 씻 엣 아이더 엔드 오브 더 테이블

elect

[ilékt] 일렉트   동 선거하다

그는 2002년에 국회의원으로 선출되었다.
He was elected for Congress in 2002.
히 워즈 일렉티드 포 콩그레스 인 투따우잰드투

element

[éləmənt] 엘리먼트   명 요소, 성분, 구성 요소

세포는 생체의 기본 요소이다.
Cells are elements of living bodies.
셀즈 아 엘리먼츠 오브 리빙 바디스

else

[els] 엘스   형 그 밖의, 다른

그 밖에 다른 것이 필요합니까?
Do you want anything else?
두 유 원트 애니띵 엘스

elsewhere

[élshwɛ̀ər] 엘스웨어 **부** 어떤 딴 곳에

그의 마음은 딴 곳에 있었다.
His mind was elsewhere.
히즈 마인드 워즈 엘스웨어

emerge

[imə́ːrdʒ] 이멀지 **동** 나오다, 나타나다

보름달이 곧 구름 뒤에서 나타날 것이다.
The full moon will soon emerge from behind
더 풀 문 윌 쑨 이머지 프럼 비하인드
the clouds.
더 클라우즈

emergency

[imə́ːrdʒənsi] 이멀전시 **명** 비상 사태, 비상시, 위급

이 위급한 때에 뭐하고 있는거니?
What are you doing in this emergency?
왓 아 유 두잉 인 디스 이멀전시

emotion

[imóuʃən] 이모션 **명** 감동, 강렬한 감정, 감격

그것은 우리를 감동시켰다.
It kindled our emotion.
잇 킨들드 아워 이모션

emphasis

[émfəsis] 엠파시스 **명** 중요성, 강조, 중점

그는 항상 역설한다.
He always speaks with emphasis.
히 올웨이즈 스픽스 위드 엠파시스

empire

[émpaiər] 엠파이어 **명** 왕국

이곳은 철강 산업 왕국이다.
It is an industrial empire of steel.
잇 이즈 언 인더스트리알 엠파이어 오브 스틸

employ

[implɔ́i] 임플로이   동 쓰다, 고용하다

은행에 다니고 있다.
I am employed in a bank.
아이엠 임플로이드 인 어 뱅크

empty

[émpti] 엠티   형 빈, 비어있는

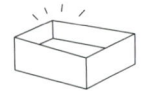

박스가 비어있다.
The box is empty.
더 박스 이스 엠티

enable

[inéibl] 어내이블   동 …할 수 있게 하다, 가능하게 하다

돈이 있으면 많은 일을 할 수 있다.
Money enables one to do a lot of things.
머니 어내이블스 원 투 두 어 랏 오브 띵스

encounter

[inkáuntər] 엔카운터   동 만나다, 마주치다

기차에서 옛 친구를 우연히 만났다.
I encountered an old friend on the train.
아이 엔카운터드 언 올드 프렌드 온 더 트래인

encourage

[inkə́:ridʒ] 엔커래지   동 …의 용기를 북돋우다, 격려하다

그녀는 소년을 격려하여 공부하게 했다.
She encouraged a boy to learn.
쉬 엔커래지드 어 보이 투 런

end

[end] 엔드   명 끝, 마지막

여기가 도로의 끝이다.
It's the end of the road.
잇츠 더 엔드 오브 더 로드

enemy

[énəmi] 에너미   명 적, 적대자, 경쟁 상대

서로 적대시하지 맙시다.
Let's stop being enemies.
렛츠 스탑 비잉 에너미스

energy

[énərdʒi] 에너지   명 정력, 힘, 세력

그는 항상 힘이 넘친다.
He is always full of energy.
히 이즈 올웨이즈 풀 오브 에너지

engine

[éndʒən] 엔진   명 발동기, 기계, 기관, 엔진

난 엔진을 고칠 줄 안다.
I know how to fix the engine.
아이 노 하우 투 픽스 디 엔진

enjoy

[indʒɔ́i] 인조이   동 ~을 즐기다

그는 파티를 즐겼다.
He enjoyed the party.
히 인조이드 더 파티

enormous

[inɔ́ːrməs] 이놀머스   형 거대한, 막대한, 엄청난

그것은 엄청난 차이다.
That is an enormous difference.
댓 이즈 언 이놀머스 디퍼런스

enough

[ináf] 이너프   형 충분히, ~할 만큼

저 음료수들은 파티에 충분하다.
Those drinks are enough for the party.
도스 드링크스 알 이너프 포 더 파티

E

ensure
[inʃúər] 엔슈어   동 확실하게 하다, 보증하다

그것으로 너의 성공은 확실하다.
It will ensure your success.
잇 윌 엔슈어 유어 썩쎄스

enter
[éntər] 엔터   동 …에 들어가다, 박히다, 넣다

총탄이 벽에 박혔다.
The bullets entered the wall.
더 불렛츠 엔터드 더 왈

entertain
[èntərtéin] 엔터태인   동 대접하다, 환대하다

다과를 대접받았다.
We were entertained with refreshments.
위 워 엔터태인드 위드 리프레쉬먼츠

entire
[intáiər] 엔타이어   형 전체의, 빠짐없이 갖추어진, 시종일관한, 연속한

난 온전한 은식기 한 세트를 선물 받았다.
I received an entire set of silverware as a gift.
아이 리씨브드 언 엔타이어 셋 오브 실버웨어 애즈 어 기프트

envelope
[énvəlòup] 엔벨로프   명 봉투

편지를 봉투에 넣어라.
Put the letter in the envelope.
풋 더 레터 인 더 엔벨로프

environment
[inváiərənmənt] 엔바이로먼트   명 환경, 주위, 주위의 상황

난 이 사회적 환경에 익숙하다.
I'm used to this social environment.
아이엠 유즈드 두 디스 쏘살 엔바이로먼트

equal

[íːkwəl] 이퀄   형 같은, 감당하는, 필적하는

그는 무슨 일이든지 해낼 수 있다.
He is equal to anything.
히 이즈 이퀄 투 애니띵

equip

[ikwíp] 이쿠입   동 갖추게 하다, 수여하다

그는 일에 필요한 지식을 충분히 갖추고 있었다.
He was fully equipped for the job.
히 워즈 풀리 이쿠입드 포 더 잡

equivalent

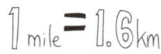

[ikwívələnt] 이쿠이벌런트   형 상당하는, 맞먹는

1마일은 약 1.6킬로미터에 상당한다.
A mile is equivalent to about 1.6 kilometers.
어 마일 이즈 이쿠이벌런트 투 어바웃 원포인트씩스 킬로미터스

error

[érər] 에러   명 잘못, 실수, 틀림

틀린 데가 있으면 고치시오.
Correct errors, if any.
코렉트 에러스 이프 애니

escape

[iskéip] 에스캐이프   동 달아나다, 도망하다, 탈출하다

두 사람은 살해되었지만 그는 탈출했다.
Two were killed, but he escaped.
투 워 킬드 벗 히 에스캐입드

especial

[ispéʃəl] 이스페셜   형 특별한, 각별한, 특수한

특히 중대한 일이다.
It is a thing of especial importance.
잇 이즈 어 띵 오브 이스페셜 임포턴스

E

essay
[ései] 에세이 **명** 수필, 에세이

낭만주의 소설에 대한 평론을 쓴다.
I write essays about the Romantic novel.
아이 라이트 에세이즈 어바웃 더 로맨틱 노블

essential
[əsénʃəl] 에센셜 **형** 본질적인, 본질의, 없어서는 안 될

넌 주요 화음을 놓쳤다.
You missed the essential harmonies.
유 미스드 디 에센셜 하모니스

establish
[istǽbliʃ] 이스타블리쉬 **동** 취임시키다, 앉히다, 자리 잡게 하다

그는 장남을 사업에 종사하게 했다.
He established his eldest son in business.
히 이스타블리쉬드 히즈 엘디스트 썬 인 비즈니스

estimate
[éstəmit] 에스티매이트 **동** 평가하다, 견적하다, 어림하다

나는 이 일을 끝내는 데 2주일 걸릴 것으로 어림잡고 있다.
I estimate that it would take two weeks to finish
아이 에스티매이트 댓 잇 우드 태이크 투 웍스 투 피니시
this work.
디스 워크

even
[íːvən] 이븐 **부** …까지도, …조차

지금이라도 너무 늦지 않다.
Even now it's not too late.
이븐 나우 잇츠 낫 투 래이트

evening
[íːvniŋ] 이브닝 **명** 저녁, 밤

그녀는 저녁에 텔레비전을 본다.
She watches the TV in the evening.
쉬 왓치스 더 티비 인 디 이브닝

eventual

[ivéntʃuəl] 이벤츄얼   형 최후의, 결과로서 일어나는

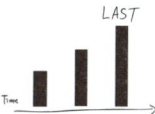

그는 최종적 결과에 대해 잊고 있었다.
They had forgotten the eventual outcome.
대이 해드 포가튼 더 이벤츄얼 아웃컴

ever

[évər] 에버   부 언젠가, 일찍이, 이제까지

판다를 본 일이 있습니까?
Have you ever seen a panda?
해브 유 에버 씬 어 팬다

every

[évri] 에브리   형 매~, 모든

모든 여자는 그를 좋아한다.
Every girl likes him.
에브리 걸 라익스 힘

everybody

[évribàdi] 에브리바디   대 각자 모두, 누구든지

누구든지 저마다 할 일이 있다.
Everybody has his duty.
에브리바디 해즈 히즈 듀티

everything

[évriθiŋ] 에브리띵   대 무엇이든지, 모두, 매사, 만사

힘이 닿는 한 무엇이나 도와드리지요.
I will do everything in my power to assist you.
아이 윌 두 에브리띵 인 마이 파워 투 어씨스트 유

everywhere

[évrihwὲər] 에브리웨어   부 어디에나, 도처에, 어디에 …라도

어디를 가든지 인간은 별 차이가 없다.
Everywhere we go, people are much the same.
에브리웨어 위 고 피플 아 마취 더 쌔임

evidence

[évidəns] 에비던스 　🄜 증거, 물증

이에 대한 무슨 증거가 있는가?
Is there any evidence of this?
이즈 데어 애니　에비던스　오브 디스

evil

[íːvəl] 이블 　🄟 나쁜, 사악한, 부도덕한, 흉악한

그녀는 독설을 잘한다.
She has an evil tongue.
쉬 해즈 언 이블　텅

exact

[igzǽkt] 이그잭트 　🄟 정확한

정확한 시간이 언제였니?
What was the exact time?
왓　워즈　디 이그잭트 타임

examine

[igzǽmin] 이그재민 　🄥 검사하다, 검토하다

제안을 검토하겠습니다.
I will examine the proposal.
아이 윌　이그재민　더　프로포살

example

[igzǽmpl] 이그잼플 　🄜 보기, 사례

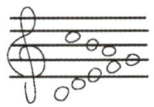

내가 예를 들어 볼게.
I will give an example.
아이 윌 기브 언　이그잼플

excellent

[éksələnt] 엑설런트 　🄟 뛰어난, 우수한

그는 뛰어난 축구 선수이다.
He is an excellent soccer player.
히 이스 언　엑설런트　싸커　플레이어

except

[iksépt] 익쎕트 **전** …을 제하고는, …외에는

너 말고는 다 준비되어 있다.
Everyone is ready except you.
에브리원 이즈 래디 익쎕트 유

excess

[ékses] 엑쎄스 **명** 초과, 초과량

수출 초과액이 얼마 입니까?
How much is the excess of exports?
하우 마취 이즈 디 엑쎄스 오브 엑스포츠

exchange

[ikstʃéindʒ] 익스채인지 **동** 교환하다, 환전하다

파운드를 달러로 환전했다.
I exchanged pounds for dollars.
아이 익스채인지드 파운즈 포 달러스

excite

[iksáit] 익싸이트 **동** 흥분시키다, 자극하다

그 영화는 우리를 흥분시켰다.
The movie excited us.
더 무비 익싸이티드 어스

exclude

[iksklú:d] 엑스클루드 **동** 차단하다, 제외하다, 배제하다

셔터는 빛을 차단한다.
Shutters exclude light.
셔터스 엑스클루드 라이트

excuse

[ikskjú:s] 익스큐스 **동** 용서하다 **명** 변명

너의 변명은 무엇이냐?
What is your excuse?
왓 이스 유얼 익스큐스

E

executive
[iɡzékjətiv] 이그제큐티브 **형** 행정적인, 관리의, 경영의

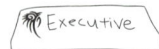

난 전무 이사이다.
I am the executive director.
아이엠 디 이그제큐티브 디렉터

exercise
[éksərsàiz] 엑설사이스 **명** 운동

수영은 내가 가장 좋아하는 운동이다.
Swimming is my favorite exercise.
스위밍 이스 마이 페이버릿 엑설사이스

exhibit
[igzíbit] 이그지빗 **동** 전시하다, 출품하다
 명 전람회, 전시회

내 전시회에 와 주셔서 감사합니다.
Thank you for coming to my exhibit.
땡 큐 포 커밍 투 마이 이그지빗

exist
[igzíst] 이그지스트 **동** 존재하다, 나타나다

소금은 바닷물 속에 있다.
Salt exists in the sea.
쏠트 이그지스츠 인 더 씨

expand
[ikspǽnd] 익스팬드 **동** 확장하다, 확대하다

그는 사업을 확장하려 하고 있었다.
He was trying to expand his business.
히 워즈 트라잉 투 익스팬드 히즈 비즈니스

expect
[ikspékt] 익스펙트 **동** 기대하다, 예상하다, 기다리다

오고 싶을 때 오십시오.
I shall not expect you till I see you.
아이 쉘 낫 익스펙트 유 틸 아이 씨 유

expenditure

[ikspénditʃər] 엑스펜디처　**명** 지출, 지불, 소비, 비용

네 세출이 얼마이니?
How much is your annual expenditure?
하우　마취　이즈 유어　애뉴얼　엑스펜디처

experience

[ikspí(ː)əriəns] 익스피어리언스　**명** 경험, 체험

경험은 사람을 영리하게 한다.
Experience teaches.
익스피어리언스　티치스

experiment

[ikspérəmənt] 익스페러먼트　**명** 실험

교육상의 새로운 시도이다.
It is a new experiment in education.
잇 이즈 어 뉴　익스페러먼트　인　에듀캐이션

expert

[ikspə́ːrt] 엑스퍼트　**명** 숙련가, 달인

그녀는 경제학의 전문가이다.
She is an expert in economics.
쉬 이즈 언 엑스퍼트 인　이코노믹스

explain

[ikspléin] 익스플레인　**동** 설명하다

그 규칙을 내게 설명해 주겠소?
Will you explain the rule to me?
윌 유　익스플레인 더　룰　투 미

explode

[iksplóud] 익스플로드　**동** 폭발하다, 파열하다

가스 본관이 폭발했다.
The gas main exploded.
더　개스 매인　익스플로디드

explore

[ikslpɔ́ːr] 익스플로어　동 탐험하다

난 남극 대륙을 탐험하고 싶다.
I want to explore the Antarctic Continent.
아이 원　투　익스플로어　더　앤탈틱　컨티넨트

export

[ékspɔːrt] 엑스포트　동 수출하다

우리 회사는 자동차를 외국에 수출한다.
Our company exports cars to foreign countries.
아워　컴패니　엑스포츠　카스 투　포린　컨트리즈

expose

[èkspouzéi] 엑스포즈　동 드러내다

남의 비웃음을 받는 짓을 해서는 안 된다.
You must not expose yourself to ridicule.
유　머스트　낫　엑스포즈　유어세프　투　리디큘

express

[iksprés] 익쓰프레스　동 표현하다

말로는 표현할 수 없다.
Words cannot express it.
워즈　캔낫　익쓰프레스 잇

extend

[iksténd] 익쓰텐드　동 넓어지다, 퍼지다, 뻗다

사막은 남쪽으로 수단까지 미치고 있다.
The desert extends southward to the Sudan.
더　데저트　익쓰텐즈　싸우쓰워드　투　더　수단

extent

[ikstént] 익쓰텐트　명 넓이, 크기, 길이, 양

이곳은 광대한 토지이다.
It is a vast extent of land.
잇 이즈 어 바스트 익쓰텐트 오브 랜드

external

[ikstə́ːrnəl] 엑스터날   **형** 외국의, 대외적인

그것은 일국의 외교 문제이다.
That is the external affairs of a country.
댓 이즈 더 　엑스터날 　어페어스 오브 어 컨트리

extra

[ékstrə] 엑스트라   **형** 여분의, 가외의

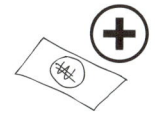

임시 급여를 받았다.
I got extra pay.
아이 갓 엑스트라 패이

extreme

[ikstríːm] 익쓰트림   **명** 양극단의 한쪽, 극단, 극도

기쁨과 슬픔의 양극단을 느꼈다.
I felt the extremes of joy and grief.
아이 펠트 디 　익쓰트림즈 오브 조이 앤 　그리프

eye

[ai] 아이   **명** 눈

왼쪽 눈을 감으세요.
Close your left eye.
클로스 　유얼 레프트 아이

Ear(귀) 중에 가장 민감한 Ear는?

"He has rabbit ears."

그는 지나치게 민감해 라는 뜻입니다.
원래 토끼는 귀가 크고 작은 소리에도 민감하여 귀를 쫑긋 세우는 습성에서 이런 표현이 나왔습니다.

    A : Did you say that her nose was too big?
    B : I was only kidding.
    A : Well, she's very upset about it.
    B : Wow, she's really got rabbit ears, doesn't she?
    A : Yeah, she's very sensitive. You have to be careful about what you say to her.

English Korean

face
[feis] 페이스   명 얼굴

그는 긴 얼굴을 가지고 있다.
He's got a long face.
히스 갓 어 롱 페이스

facility
[fəsíləti] 패실리티   명 재주, 재능, 재간

연습을 하면 솜씨가 좋아진다.
Practice gives facility.
프랙티스 기브스 패실리티

fact
[fækt] 팩트   명 사실, 진실

그는 이 문제의 진실을 알고 있다.
He knows the fact of this problem.
히 노우스 더 팩트 오브 디스 프라블럼

factor
[fǽktər] 팩터   명 요인, 요소, 원인

행복의 요인이 무엇입니까?
What is a factor of happiness?
왓 이즈 어 팩터 오브 해피니스

factory
[fǽktəri] 팩토리   명 공장, 제조소

저것은 철공소이다.
That is an iron factory.
댓 이즈 언 아이런 팩토리

fail

[feil] 패일   동 실패하다, 실수하다, 낙제하다, 꼭 …하다

꼭 알려 주게.
Don't fail to let me know.
돈트 페일 투 렛 미 노

failure

[féiljər] 패일려   명 실패, 실수, 실패자, 낙제자

그는 교사로서는 실패자였다.
He was a failure as a teacher.
히 워즈 어 페일려 에즈 어 티쳐

faint

[feint] 페인트   형 희미한, 가냘픈, 어렴풋한

한 가닥 희망도 없다.
There is not the faintest hope.
데어 이즈 낫 더 페인테스트 호프

fair

[fɛər] 페어   형 공평한, 공정한

그가 모든 일을 해야 하는 것은 공평하지 못하다.
It's not fair to make him do all the work.
잇츠 낫 페어 투 메이크 힘 두 올 더 웍크

faith

[feiθ] 페이스   명 신뢰, 신용, 믿음

어린이들은 보통 부모들을 전적으로 믿고 있다.
Children usually have faith in their parents.
칠드런 유즈얼리 해브 페이스 인 데어 패런츠

fall

[fɔːl] 펄   동 떨어지다, 넘어지다

그는 강으로 떨어졌다.
He fell into the river.
히 펠 인투 더 리버

F

false
[fɔːls] 폴스   형 잘못된, 틀린

그릇된 인상을 주고 싶지 않다.
I don't want to give a false impression.
아이 돈트 원 투 기브 어 폴스 임프레션

familiar
[fəmíljər] 퍼밀리어   형 잘 알려진, 낯익은, 익숙한

귀에 익은 목소리를 들었다.
I heard a familiar voice.
아이 헐드 어 퍼밀리어 보이스

family
[fǽməli] 패밀리   명 가족

나는 내 가족을 사랑한다.
I love my family.
아이 러브 마이 패밀리

famous
[féiməs] 페이머스   형 유명한

그는 유명한 배우이다.
He is a famous actor.
히 이스 어 페이머스 엑터

fancy
[fǽnsi] 팬시   명 일시적 기분, 추측, 예상, 억측, 가정

그가 올 것 같지 않은 예감이 든다.
I have a fancy that he will not come.
아이 해브 어 팬시 댓 히 윌 낫 컴

far
[fɑːr] 팔   부 멀리, 멀리 떨어져

학교가 집에서 너무 멀리 떨어져있다.
My school is too far from my home.
마이 스쿨 이스 투 팔 프롬 마이 홈

farm

[fɑːrm] 팜   명 농장, 목장

그는 농장에서 일한다.
He works at a farm.
히 웍스 엣 어 팜

---

fast

[fæst] 패스트   형 빠른

이 차는 너무 빠르다.
This car is too fast.
디스 카 이스 투 패스트

---

fasten

[fǽsən] 패슨   동 죄다, 잠그다, 채우다

좌석벨트를 매 주세요.
Please fasten your seat belt.
플리즈 패슨 유어 씻 벨트

---

fat

[fæt] 팻   형 뚱뚱한, 살찐

그녀는 자신이 뚱뚱하다고 생각한다.
She thinks she's fat.
쉬 띵스 쉬스 팻

---

father

[fɑ́ːðər] 파더   명 아버지, (천주교의)신부님

나는 아버지와 함께 낚시를 갈 것이다.
I will go fishing with my father.
아이 윌 고 피슁 위드 마이 파더

---

fault

[fɔːlt] 폴트   명 결점, 흠, 단점, 결함

그는 결점이 많은 사람이다.
He is a man with many faults.
히 이즈 어 맨 위드 매니 폴츠

F

fear
[fiər] 피어 **명** 불안, 근심, 걱정

오늘은 비가 올 염려가 조금도 없다.
There is not the slightest fear of rain today.
데어 이즈 낫 더 슬라이테스트 피어 오브 래인 투데이

feather
[féðər] 페더 **명** 깃털, 깃

옷이 날개다.
Fine feathers make fine birds.
파인 페더스 메이크 파인 버즈

feature
[fíːtʃər] 피쳐 **명** 특징, 특색, 주안점

그 집의 가장 큰 특징은 일광욕실이다.
The best feature of the house is the sun porch.
더 베스트 피쳐 오브 더 하우스 이즈 더 썬 폴취

feel
[fiːl] 필 **동** ~을 느끼다

나는 음악을 느낄 수 있다.
I can feel the music.
아이 켄 필 더 뮤직

fellow
[félou] 펠로우 **명** 사나이, 사람, 소년, 녀석, 놈

사람은 먹어야 한다.
A fellow must eat.
어 펠로우 머스트 잇

female
[fíːmèil] 피메일 **명** 여성, 여자

어린 여자아이에게서 전화왔더군.
A young female has called.
어 영 피매일 해즈 콜드

fence

[fens] 펜스　　　　　　　　동 …에 울타리를 치다, 둘러막다

산들이 그 골짜기를 에워싸고 있다.
The mountains fence in the valley.
더　마운틴즈　펜스　인　더　밸리

festival

[féstəvəl] 페스티벌　　　명 축제, 축전, 제전, 축하

크리스마스는 연간 축제이다.
Christmas is a yearly festival.
크리스마스　이즈　어　이얼리　페스티벌

fever

[fíːvər] 피버　　　　　　　명 열, 신열, 발열

열이 난다.
I have a fever.
아이 해브　어　피버

few

[fjuː] 퓨　　　　　　　　　형 거의 없는

몇몇 사람만이 콘서트를 보고 있다.
Only a few people are watching the concert.
온니　어　퓨　피플　알　와칭　더　콘서트

field

[fiːld] 필드　　　　　　　　명 밭, 들판, 경기장

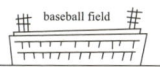

세이프코 경기장은 야구 경기장이다.
Safeco Field is a baseball field.
세이프코　필드　이스　어　베이스볼　필드

fight

[fait] 파이트　　　　　　　동 싸우다

그는 사람들과 싸우는 것을 싫어한다.
He doesn't like to fight with people.
히　더즌트　라이크　투　파이트　위드　피플

figure

[fígjər] 피겨   명 모습, 사람 그림자, 용자

그녀는 몸매가 날씬하다.
She has a slender figure.
쉬 해즈 어 슬렌더 피겨

---

fill

[fil] 필   동 ~을 채우다

그는 병에 물을 채우고 있다.
He is filling the bottle with water.
히 이스 필링 더 보틀 위드 워터

---

film

[film] 필름   명 필름, 영화

내 카메라에 쓸 필름이 필요하다.
I need film for my camera.
아이 니드 필름 포 마이 카메라

---

final

[fáinəl] 파이날   형 마지막의, 결국의

이것이 결승이다.
This is the final round.
디스 이즈 더 파이날 라운드

---

finance

[finǽns] 파이낸스   명 재정, 재무, 재정학

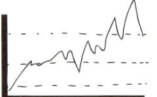

그녀는 재정 전문가이다.
She is an expert in finance.
쉬 이즈 언 엑스퍼트 인 파이낸스

---

find

[faind] 파인드   동 ~을 발견하다, ~을 찾다

나는 내 지갑을 찾아야 한다.
I need to find my wallet.
아이 니드 두 파인드 마이 월렛

fine

[fáin] 파인   형 좋은, 훌륭한

이 커피는 나에게 좋다.
This coffee is fine with me.
디스 커피 이스 파인 위드 미

finger

[fíŋgər] 핑거   명 손가락

그녀는 칼에 손가락을 베었다.
She cut her finger with a knife.
쉬 컷 헐 핑거 위드 어 나이프

finish

[fíniʃ] 피니쉬   동 ~을 끝내다

그는 오늘밤 안에 숙제를 끝낼 것이다.
He will finish the homework by tonight.
히 윌 피니쉬 더 홈워크 바이 투나잇

fire

[fáiər] 파이어   명 불, 화재

집에 불이 나 있다.
The house is on fire.
더 하우스 이스 언 파이어

firm

[fəːrm] 펌   형 굳은, 단단한, 견고한

그는 단단한 근육을 가졌다.
He has firm muscles.
히 해즈 펌 머슬스

fish

[fiʃ] 피쉬   명 물고기

나는 생선 구이를 좋아한다.
I like the grilled fish.
아이 라이크 더 그릴드 피쉬

fix

[fiks] 픽스

동 고치다, (시간.장소 등을)정하다, 고정 시키다

나는 내 차를 고쳐야 한다.
I need to fix my car.
아이 니드 투 픽스 마이 카

flag

[flæg] 플래그

명 기, 깃발

한국 국기가 게양되고 있었다.
The Korean flag was flying.
더 코리안 플래그 워스 플라잉

flame

[fleim] 플레임

명 불꽃, 불길, 화염 동 이글이글 빛나다

언덕은 진달래로 불타는 듯하다.
The hill flames with azaleas.
더 힐 플래임즈 위드 애이잴리스

flash

[flæʃ] 플래쉬

명 번쩍임, 번쩍하는 빛, 섬광

번갯불의 번쩍임이 있었다.
There was a flash of lightning.
데어 워즈 어 플래쉬 오브 라이트닝

flat

[flæt] 플랫

형 얕은, 낮은, 평평한, 엎드린, 누운

폭풍이 밀을 쓰러뜨렸다.
The storm left the wheat flat.
더 스톰 레프트 더 위트 플랫

flesh

[fleʃ] 플레쉬

동 살을 붙이다, 살을 붙여 내용을 충실하게 하다

극작가는 이야기에 살을 붙였다.
The playwright fleshed out the story.
더 플레이롸이트 플레쉬드 아웃 더 스토리

float

[flout] 플로트   동 뜨다, 떠오르다, 떠돌다

기구는 공중으로 떠올랐다.
The balloon floated up into the air.
더 볼룬 플로티드 업 인투 디 애어

flood

[flʌd] 플러드   명 홍수, 큰물

그 골짜기 일대에 홍수가 났다.
The floods are out all along the valley.
더 플러즈 아 아웃 올 얼롱 더 밸리

floor

[flɔːr] 플로어   명 마루, 바닥

바닥이 너무 더럽다.
The floor is too dirty.
더 플로워 이스 투 더티

flour

[fláuər] 플라워   명 밀가루, 소맥분

빵은 밀가루로 만든다.
Bread is made from flour.
브래드 이즈 매이드 프럼 플라워

flow

[flou] 플로우   동 흐르다, 흘러 나오다, 순환하다, 통하다

그의 몸에는 왕족의 피가 흐르고 있다.
Royal blood flows in his veins.
로얄 블러드 플로우즈 인 히즈 베인즈

flower

[fláuər] 플라워   명 꽃

그녀는 꽃을 사는 것을 좋아한다.
She loves to buy the flowers.
쉬 러브스 투 바이 더 플라워스

fly

[flai] 플라이   동 날다, ~을 날리다

그는 연 날리기를 좋아한다.
He likes to fly a kite.
히 라익스 투 플라이 어 카잇

focus

[fóukəs] 포커스   명 초점 동 집중시키다

난 일에 생각을 집중시키지 못했다.
I couldn't focus my thoughts on work.
아이 쿠든트 포커스 마이 똣츠 온 워크

fold

[fould] 폴드   동 접다, 접어 포개다, 껴안다, 끌어안다

그녀는 그 어린이를 껴안았다.
She folded the child in her arms.
쉬 폴디드 더 차일드 인 허 암즈

follow

[fálou] 팔로우   동 ~을 따르다, ~을 따라가다(따라오다)

이상한 사람을 따라가지 말아라.
Don't follow a strange person.
돈트 팔로우 어 스트레인지 펄슨

fond

[fɑnd] 폰드   형 좋아하는

그녀는 개를 좋아한다.
She's fond of dogs.
쉬즈 폰드 오브 도그즈

food

[fu:d] 푸드   명 음식

식탁 위에서 음식을 찾아라
Find some food on the table.
파인드 썸 푸드 언 더 테이블

fool

[fu:l] 풀 　　　 명 바보

그녀가 아직 그를 좋아한다고 생각하면 그는 바보다.
He's a fool if he thinks she still likes him.
히스 어 풀 이프 히 띵스 쉬 스틸 라익스 힘

foot

[fut] 풋 　　　 명 발

발을 이용해서 공을 차라.
Use your foot to kick the ball.
유스 유얼 풋 투 킥 더 볼

football

[fútbɔ̀:l] 풋볼 　　　 명 미식축구

풋볼은 팀 게임이다.
Football is a team game.
풋볼 이즈 어 팀 게임

for

[fər] 포 　　　 전 ~동안, ~을 위해

이 케익은 그녀의 생일 파티를 위한 것이다.
This cake is for her birthday party.
디스 케익 이스 포 헐 벌스데이 파티

force

[fɔ:rs] 폴스 　　　 명 힘, 체력, 완력 동 억지로 …시키다, 강요하다

가난 때문에 그녀는 범죄를 저질렀다.
Poverty forced her into crime.
포버티 포스드 허 인투 크라임

foreign

[fɔ́:rin] 포린 　　　 형 외국의, 외국에, 성질이 다른, 서로 맞지 않는

너의 의론은 그 문제와 관계가 없다.
Your argument is foreign to the question.
유어 아규먼트 이즈 포린 투 더 쿼스쳔

forest
[fɔ́(:)rist] 포레스트   명 숲, 삼림, 산림지

난 숲에서 노는 것을 좋아한다.
I like hanging out in forests.
아이 라이크 행잉 아웃 인 포레스츠

---

forget
[fərgét] 풀겟   동 ~을 잊다

숙제를 가지고 오는 것을 잊지 말아라.
Don't forget to bring your homework.
돈트 풀겟 투 브링 유얼 홈워크

---

forgive
[fərgív] 포기브   동 용서하다, 관대히 봐주다

잘못이 있으면 용서하시오.
Forgive me if I am wrong.
포기브 미 이프 아이엠 롱

---

fork
[fɔːrk] 포크   명 식탁용 포크, 갈림길

포크 좀 주실 수 있나요?
Can I get a fork?
캔 아이 겟 어 포크

---

form
[fɔːrm] 폼   명 꼴, 형상, 형태

그녀의 수영 폼은 아주 좋다.
Her swimming form is very good.
허 스위밍 폼 이즈 베리 굿

---

formal
[fɔ́ːrməl] 포말   형 형식적인, 허울만의, 격식 차린

너무 격식 차리지 마시오.
Don't be so formal.
돈트 비 쏘 포말

---

136 English Graphics Grow-up Vocabulary

former

[fɔ́:rmər] 포머　　**형** 전의, 먼저의

나는 후자의 그림보다 전자 것이 낫다.
I prefer the former picture to the latter.
아이 프리퍼 더 포머 픽쳐 투 더 라터

formula

[fɔ́:rmjələ] 포뮬라　　**명** 공식, 식

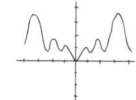

공식이 기억이 안난다.
I don't remember the formula.
아이 돈트 리멤버 더 포뮬라

forth

[fɔ:rθ] 포스　　**부** 앞으로, 전방으로

오늘 이후에는 그 말하지 않을게.
I will stop saying that from this day forth.
아이 윌 스탑 새잉 댓 프럼 디스 데이 포스

fortunate

[fɔ́:rtʃənit] 포츄내이트　　**형** 운이 좋은, 행운의

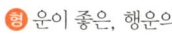

다행히도 그와 같은 집을 갖게 되었다.
We were fortunate to have a house like that.
위 워 포츄내이트 투 해브 어 하우스 라이크 댓

fortune

[fɔ́:rtʃən] 포츈　　**명** 재산, 큰 재물, 운명의 여신

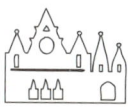

운명의 여신은 용감한 자의 편이다.
Fortune favors the brave.
포츈 페이버스 더 브래이브

forward

[fɔ́:rwərd] 포워드　　**형** 자진해서 …하는

그녀는 언제나 자진해서 남을 도우려고 한다.
She is always forward to help others.
쉬 이즈 올에이즈 포워드 투 헬프 아더스

frame

[freim] 프래임   명 창틀, 테두리, 틀

새 액자가 필요하다.
I need a new picture frame.
아이 니드 어 뉴 픽쳐 프래임

frank

[fræŋk] 프랭크   형 솔직한, 터놓은, 숨김없는

난 너에게 솔직히 말해야 한다.
I need to be frank with you.
아이 니드 투 비 프랭크 위드 유

free

[fri:] 프리   형 무료로 주는, 한가한, 여유 있는

이 사탕은 아이들에게 무료이다.
This candy is free to children.
디스 캔디 이스 프리 투 칠드런

freedom

[frí:dəm] 프리덤   명 자유로운 상태, 자유

그에게는 하고 싶은 것을 무엇이든 할 수 있는 자유가 있었다.
He had freedom to do what he liked.
히 해드 프리덤 투 두 왓 히 라익드

freeze

[fri:z] 프리즈   동 얼음이 얼다, 얼 정도로 춥다

이 방은 너무 춥다.
It's freezing in this room.
잇츠 프리징 인 디스 룸

frequent

[frí:kwənt] 프리퀀트   동 자주 가다

개구리는 흔히 연못에 있다.
Frogs frequent ponds.
프로그스 프리퀀트 폰즈

fresh
[freʃ] 프레쉬 형 신선한, 새로운

이건 신선한 우유인가요?
Is this fresh milk?
이스 디스 프레쉬 밀크

friend
[frend] 프렌드 명 친구

그는 나의 가장 친한 친구이다.
He is my best friend.
히 이스 마이 베스트 프렌드

friendship
[fréndʃip] 프랜드쉽 명 우정, 우애

우리의 우정은 우리의 보물이다.
We treasure our friendship.
위 트래져 아워 프랜드쉽

frighten
[fráitən] 프라이튼 동 위협하여 몰아내다

고양이를 놀라게 하여 쫓았다.
I frightened a cat away.
아이 프라이튼드 어 캣 어웨이

from
[frəm] 프롬 전 ~에서, ~로부터

그는 한국에서 왔다.
He is from Korea.
히 이스 프롬 코리아

front
[frʌnt] 프론트 명 앞

그 식당 앞은 매우 보기 좋다.
The front of the restaurant is very nice.
더 프론트 오브 더 레스토랑 이스 베리 나이스

fruit

[fruːt] 프룻   명 과일

나는 과일 먹는 것을 좋아한다.
I love to eat fruit.
아이 러브 투 잇 프룻

fry

[frai] 프라이   동 기름에 튀기다, 기름에 볶다

달걀 프라이를 만들었다.
I made fried eggs.
아이 매이드 프라이드 에그스

full

[ful] 풀   형 가득 찬, 가득한

박물관이 사람들로 꽉 차있다.
The museum is full of people.
더 뮤지엄 이스 풀 오브 피플

fun

[fʌn] 펀   명 재미, 즐거움, 장난

내 친구들과 노는 것은 재미있다.
It's fun to play with my friends.
잇츠 펀 투 플레이 위드 마이 프랜즈

function

[fʌ́ŋkʃən] 펑션   명 기능, 작용, 상관관계

가격은 수요와 공급과의 상관관계이다.
Price is a function of supply and demand.
프라이스 이즈 어 펑션 오브 써플라이 앤 디맨드

fund

[fʌnd] 펀드   명 기금, 자금, 기본금

그들은 주택 기금을 할당해줄 것입니다.
They will allocate funds for housing.
데이 윌 알로케이트 펀즈 포 하우징

fundamental

[fʌndəméntəl] 펀더멘탈   형 기본적인, 기초의, 근원의

그것이 근본적인 문제이다.
That is the fundamental problem.
댓 이즈 더   펀더멘탈   프라블럼

fur

[fə:r] 퍼   명 부드러운 털

이 강아지는 너무나 부드러운 털을 가졌다.
This dog has the softest fur.
디스 도그 해즈 더 소프테스트 퍼

furnish

[fə́:rniʃ] 퍼니쉬   동 공급하다, 제공하다, 주다

그 연기 덕분에 시간의 여유가 생겼다.
The delay furnished me with the time I needed.
더 딜래이 퍼니시드 미 위드 더 타임 아이 니디드

furniture

[fə́:rnitʃər] 퍼니쳐   명 가구, 비품, 세간, 시설품

난 새집에 둘 새 가구들이 필요하다.
I need some new furniture for my new place.
아이 니드 썸 뉴 퍼니처 포 마이 뉴 플래이스

English Korean

gain

[gein] 개인　　　**동** 얻다, 입수하다

난 상을 탔다.
I gained the prize.
아이 개인드　　더　프라이즈

gallery

[gǽləri] 갤러리　　　**명** 미술관, 미술품 진열실

난 미술관에 갔다.
I went to the gallery.
아이 웬　투　더　갤러리

game

[géim] 게임　　　**명** 놀이, 게임, 시합

그는 컴퓨터 게임을 하고 있다.
He is playing a computer game.
히 이스　플레잉　어　컴퓨터　게임

gap

[gæp] 갭　　　**명** 큰 차이, 격차

두 견해의 큰 차이가 있다.
There is a wide gap between the two views.
데어 이즈 어 와이드　갭　비트원　더　투　뷰즈

garage

[gərá:ʤ] 거라지　　　**명** 차고

그것은 차고에 있다.
It is in the garage.
잇 이즈 인　더　거라지

142　English Graphics Grow-up Vocabulary

garden

[gáːrdn] 가든   명 정원

그녀의 정원에 장미가 있다.
She has roses in her garden.
쉬 헤스 로즈스 인 헐 가든

gas

[gæs] 가스   명 휘발유, 기름

기름값이 다음주에 5퍼센트 오를 것이다.
Gas prices will rise up to 5 percent next week.
가스 프라이시스 윌 라이스 업 투 파이브 퍼센트 넥스트 위크

gate

[geit] 게이트   명 문, 출입문

우리는 7번 문으로 가야 한다.
We need to go to the gate number 7.
위 니드 투 고 투 더 게이트 넘버 쎄븐

gather

[gǽðər] 개더   동 모으다, 그러모으다, 끌다

재미있는 경기에는 언제나 관중이 몰린다.
A good game always gathers a crowd.
어 굿 개임 올웨이즈 개더스 어 크라우드

general

[dʒénərəl] 제너럴   형 일반의, 총체적인, 전반적인

그것이 전반적인 의견이다.
That is the general opinion.
댓 이즈 더 제너럴 어피니언

generation

[dʒènəréiʃən] 제너래이션   명 동시대의 사람들

우리는 현대의 사람들이다.
We are the present generation.
위 아 더 프레센트 제너래이션

generous
[dʒénərəs] 제너러스 　　형 아끼지 않는, 손이 큰, 후한

그녀는 아낌없이 주는 사람이다.
She is a generous giver.
쉬 이즈 어 제너러스 기버

gentle
[dʒéntl] 젠틀 　　형 상냥한, 부드러운, 친절하

그는 항상 부드러운 목소리로 말한다.
He always talks with a gentle voice.
히 올웨이즈 톡스 위드 어 젠틀 보이스

get
[get] 겟 　　동 ~을 얻다, ~을 사다

나는 친구에게서 자전거를 얻을 것이다.
I will get a bicycle from my friend.
아이 윌 겟 어 바이스클 프롬 마이 프렌드

giant
[dʒáiənt] 자이언트 　　형 거대한, 위대한, 비범한, 탁월한

엄청나게 큰 사과이다.
That is a giant apple.
댓 이즈 어 자이언트 애플

gift
[gift] 기프트 　　명 선물, 선사품, 타고난 재능

넌 그림에 재주가 있다.
You have a gift for painting.
유 해브 어 기프트 포 패인팅

girl
[gəːrl] 걸 　　명 소녀

그녀는 아름다운 소녀이다.
She is a pretty girl.
쉬 이스어 프리티 걸

give
[giv] 기브   동 ~을 주다

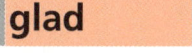

나에게 1달러만 줄 수 있니?
Would you give me a dollar?
우드 유 기브 미 어 달러

glad
[glæd] 글래드   형 즐거운, 기쁜, 기꺼이~하다

네가 지금 괜찮아서 나는 기쁘다.
I'm glad that you are fine now.
아이엠 글래드 댓 유 알 파인 나우

glass
[glæs] 글래스   명 유리, 잔

이것은 유리병 이다.
This is a glass bottle.
디스 이스어 글래스 보틀

globe
[gloub] 글로브   명 구, 공, 구체

그 병은 온 세계에 퍼지고 있다.
The disease is spreading all over the globe.
더 디지스 이즈 스프래딩 올 오버 더 글로브

glove
[glʌv] 글러브   명 장갑(의 한쪽)

너의 장갑을 가져가는 것을 잊지 말아라.
Don't forget to bring your gloves.
돈트 폴겟 두 브링 유얼 글러브스

go
[gou] 고   동 가다

나에게서 떨어져.
Go away from me.
고 어웨이 프롬 미

goal

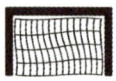

[goul] 골   **명** 목적, 목표

난 달성하고 싶은 목표가 많다.
I have many goals to acheieve.
아이 해브 매니 골즈 투 어치브

god

[gɑd] 갓   **신** 신

신을 믿으시나요?
Do you believe in God?
두 유 빌리브 인 갓

gold

[gould] 골드   **명** 황금, 금, 황금으로 만든

그녀는 금반지를 끼고 있다.
She is wearing a gold ring.
쉬 이스 웨어링 어 골드 링

golden

[góuldən] 골든   **형** 금빛의, 황금빛의, 누런 빛의

그녀는 아름다운 금발의 머리를 가졌다.
She has beautiful golden hair.
쉬 해즈 뷰티풀 골든 해어

good

[gud] 굳   **형** 착한, 좋은

그는 착한 소년이다.
He is a good boy.
히 이스 어 굳 보이

goods

[gudz] 굿즈   **명** 상품, 물품, 물자

그것들은 필수품이다.
Those are essential goods.
도즈 아 에쎈샬 굿즈

govern

[gʌ́vərn] 가번   동 다스리다, 통치하다, 지배하다

그에게는 훌륭한 통치 능력이 있다.
He has an excellent ability to govern.
히 해즈 언 엑썰런트 어빌리티 투 가번

grace

[greis] 그래이스   명 우아, 우미, 기품, 미덕, 장점

사랑에 빠지면 곰보도 미인으로 보인다.
Every lover sees a thousand graces in the beloved object.
에브리 러버 시즈 어 따우잰드 그래이스 인 더
빌러브드 오브젝트

grade

[greid] 그래이드   명 등급, 계급, 등위, 품등

A등급의 우유이다.
It is grade A milk.
잇 이즈 그래이드 애이 밀크

gradual

[grǽdʒuəl] 그래듀얼   형 점차적인, 점진적인, 단계적인

건강의 점진적인 회복이 보이고 있다.
There is a gradual improvement in my health.
데어 이즈 어 그래듀얼 임푸르브먼트 인 마이 헬쓰

grain

[grein] 그래인   명 곡물, 곡류, 미량, 티끌

그는 통 분별이 없다.
He hasn't a grain of sense.
히 해즌트 어 그래인 오브 센스

grammar

[grǽmər] 그래머   명 문법, 문법학, 문법 연구

네가 빌릴 수 있는 러시아어 문법서가 있다.
I have a Russian grammar book you can borrow.
아이 해브 어 러시안 그래머 북 유 캔 바로우

grand

[grænd] 그랜드   형 웅장한, 웅대한, 당당한

저건 정말 웅장한 산이다.
That really is some grand mountain.
댓 릴리 이즈 썸 그랜드 마운틴

grandma

[grǽnmà:] 그랜드마   명 할머니

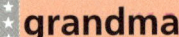

우리 할머니께서 돌아가셨다.
My grandma passed away.
마이 그랜마 패스드 어웨이

grant

[grænt] 그랜트   동 주다, 수여하다, 승인하다, 허가하다

그가 그것을 휴대하는 것을 그들은 허락했다.
They granted him to take it with him.
데이 그랜티드 힘 투 태이그 잇 위드 힘

grape

[greip] 그래이프   명 포도

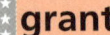

내가 가장 좋아하는 과일은 포도이다.
My favorite fruit is grapes.
마이 페이버릿 프룻 이스 그래이프스

grass

[græs] 그래스   명 풀, 잔디

잔디에 들어가지 마세요!
Keep off the grass!
킵 오프 더 그래스

grateful

[gréitfəl] 그래잇풀   형 고맙게 여기는, 감사하는

당신이 그것을 해주었다는 것을 알면 그녀는 깊이 감사할 것입니다.
She will be deeply grateful to know that you
쉬 윌 비 디플리 그래잇풀 투 노 댓 유
have done that for her.
해브 던 댓 포 허

grave

[gréiv] 그레이브 　　명 무덤, 묘, 중대한, 중요한

그것은 중대한 관심사이다.
It is a matter of grave concern.
잇 이즈 어　매터　오브 그레이브　컨썬

gray

[grei] 그래이 　　형 회색, 회색의

그녀는 회색 머리카락을 찾았다.
She found a gray hair.
쉬　파운드　어 그래이 헤어

great

[greit] 그레이트 　　형 큰, 거대한, 웅장한, 재미있는, 신나는

이 영화는 재미있는 영화였다.
It was a great movie.
잇 워스　어 그레이트　무비

green

[gri:n] 그린 　　형 녹색, 녹색의

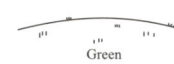

잔디의 색깔은 녹색이다.
The grass is green.
더　그래스　이스　그린

ground

[graund] 그라운드 　　명 땅, 지면

나는 땅에 앉았다.
I sat down on the ground.
아이 쎗　다운　언　더　그라운드

group

[gru:p] 그룹 　　명 모임, 집단, 무리

게임을 위해서 그룹을 만드세요.
Make a group for the game.
메이크 어　그룹　포　더　게임

grow

[grou] 그로우   동 자라다, 성장하다, ~이 되다

아이들은 정말 빨리 성장한다.
Children grow so quickly.
칠드런 그로우 소 퀴클리

growth

[grouθ] 그로쓰   명 성장, 생장, 발육

완전히 자란 식물이다.
It is a plant in full growth.
잇 이즈 어 플랜트 인 풀 그로쓰

guard

[gɑːrd] 가드   동 지키다, 수호하다, 조심하다

나는 실수하지 않도록 주의해야 한다.
I have to guard against errors.
아이 해브 투 가드 어갠스트 에러스

guest

[gest] 게스트   명 손님, 내빈

숙박부가 어디 있지?
Where is the guest book?
웨어 이즈 더 게스트 북

guide

[gaid] 가이드   동 안내하다, 인도하다

우리는 별들의 안내를 받아서 돌아왔다.
The stars guided us back.
더 스타즈 가이디드 어스 백

guilty

[gílti] 길티   형 …의 죄를 범한, 떳떳지 못한, 죄를 자각하는

그는 그 일로 자책감을 느꼈다.
He felt guilty about it.
히 펠트 길티 어바웃 잇

guitar

[gitáːr] 기타   **명** 기타

그는 무대 위에서 기타를 치고 있다.
He is playing a guitar on the stage.
히 이스 플레잉 어 기타 언 더 스테이지

gun

[gʌn] 건   **명** 총, 대포, 포

총은 위험한 발명품이다.
Guns are dangerous inventions.
건즈 아 댄저러스 인벤션스

The Great Gatsby (위대한 개츠비)

영미 문학에서 절대 빠질 수 없는 작품 'The Great Gatsby (위대한 개츠비)

1925년 발표되고 미국 중서부의 노스다코타주에서 빈농으로 태어나 입신출세를 꿈꾸는 순박한 근면가 개츠비의 이야기를, 같은 지방 출신인 닉크라는 청년의 입을 통해서 전달하는 형식으로 된 소설입니다. 개츠비는 자기의 가난 때문에 지금은 남의 아내가 되어버린 애인 데이지를 다시 자기 사람을 만들기 위해서 주류 밀매로 거부가 된 뒤 롱아일랜드에 호화저택을 장만하고 데이지에게 접근해 가다가 마침내는 사살된다는 줄거리입니다.

설정된 시대는 1920년대의 호경기이고 법석대는 파티의 멋진 묘사 등으로 풍속소설적인 요소도 엿보이나 상징적인 이미지의 구사 등을 통하여 과거의 위대한 '미국의 꿈'이 오늘에 이르러 얼마나 큰 비극으로 바뀔 수 있는가 하는 것을 보여 주려는 의도가 감춰져 있다. 20년대의 뉴욕 유산계급의 퇴폐상을 비판한 작품입니다.

English Korean

habit
[hǽbɪt] 해빗   명 비릇, 습관

습관에 의해서 생긴일이다.
It happened from force of habit.
잇 해픈드 프럼 포스 오브 해빗

hair
[hɛər] 헤어   명 머리카락

그녀는 머리를 염색했다.
She dyed her hair.
쉬 다이드 헐 헤어

half
[hæf] 하프   명 반, 절반

그의 돈 절반을 잃어버렸다.
He lost half of his money.
히 로스트 하프 오브 히스 머니

hall
[hɔːl] 홀   명 공회당, 회관, 현관, 복도

그녀는 복도로 뛰어들어왔다.
She ran into the hall.
쉬 렌 인투 더 홀

hamburger
[hǽmbə̀ːrgər] 햄버거   명 햄버거

오늘 점심은 햄버거 이다.
Today's lunch is hamburger.
투데이스 런치 이스 햄버거

152 English Graphics Grow-up Vocabulary

hammer
[hǽmər] 해머   명 망치 동 망치로 두드리다, 두드려서 만들다

못을 박아서 작은 나무 상자를 만들었다.
I hammered together a small crate.
아이 해머드 투게더 어 스몰 크레이트

hand
[hænd] 핸드   명 손, (시계의)바늘

답을 알면 손을 드세요.
Raise your hand if you know the answer.
레이스 유얼 핸드 이프 유 노 디 엔서

handle
[hǽndl] 핸들   명 손잡이, 자루, 이름, 통칭 동 다루다

그는 아이를 다룰 수 있다.
He can handle a child.
히 캔 핸들 어 차일드

handsome
[hǽnsəm] 핸섬   형 잘생긴

그는 잘생긴 남자들을 좋아한다.
She likes handsome guys.
쉬 라익스 핸섬 가이스

hang
[hæŋ] 행   동 걸다, 달아매다, 달다

모자를 모자걸이에 걸어도 된다.
You can hang your cap on the hook.
유 캔 행 유어 캡 온 더 훅

happen
[hǽpən] 해픈   동 (사건이)일어나다, 발생하다

내일 무슨 일이 일어나는지 보자.
Let's see what happens tomorrow.
렛츠 씨 왓 해픈스 투머로우

happy
[hǽpi] 해피 　**형** 행복한

그녀는 매우 행복해 보인다.
She looks so happy.
쉬　룩스　소　해피

hard
[hɑːrd] 하드 　**형** 어려운, 단단한, 열심히

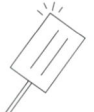

이 아이스크림은 먹기에 너무 단단하다.
This ice-cream is too hard to eat.
디스　아이스크림　이스 투　하드 투 잇

hardly
[hɑ́ːrdli] 하들리 　**부** 거의 …않다

시간은 거의 남아 있지 않다.
There is hardly any time left.
데어 이즈　하들리　애니 타임 레프트

harm
[hɑːrm] 함 　**명** 해, 해악, 손해, 손상

해보는 데에 손해 볼 것은 없다.
There's no harm in trying.
데어즈　노　함　인 트라잉

hat
[hæt] 햇 　**명** 모자

여름 여행을 위해 새로운 모자를 샀다.
I bought a new hat for the summer trip.
아이 보웃트 어 뉴　햇 포 더　썸머　트립

hate
[heit] 헤잇트 　**동** 미워하다, 싫어하다

나는 줄에서 기다리는 것이 싫다.
I hate to wait in the line.
아이 헤잇트 투 웨잇 인 더 라인

have

[həv] 해브   동 가지다, 가지고 있다, ~하다

펜을 가지고 있습니까?
Do you have a pen?
두 유 해브 어 펜

he

[hei] 히   대 그가, 그는

그는 학생이다.
He is a student.
히 이스 어 스튜던트

head

[hed] 헤드   명 머리, 우두머리, 대표

그는 회사의 대표이다.
He is the head of the company.
히 이스 더 헤드 오브 더 컴패니

healthy

[hélθi] 헬띠   형 건강한, 상당히 많은 수의, 적지 않은

그녀는 꽤 많은 수의 책을 샀다.
She bought a healthy number of books.
쉬 밧 어 헬띠 넘버 오브 북스

hear

[hiər] 히얼   동 ~이 들리다, ~을 듣다

2층에서 음악소리가 들린다.
I hear the music from upstairs.
아이 히얼 더 뮤직 프롬 업스테얼스

heart

[hɑːrt] 하트   명 심장, 가슴, 마음

그의 심장은 약하다.
He's got a weak heart.
히스 갓 어 위크 하트

heat
[hi:t] 힛 **명** 열, 뜨거움, 더움, 단숨

그림은 단숨에 완성되었다.
The painting was finished at a heat.
더 패인팅 워즈 피니시드 엣 어 힛

heaven
[hévən] 해븐 **명** 하늘, 천국, 천당, 신

천벌은 느리나 꼭 있느니라.
Heaven's vengeance is slow but sure.
해븐스 벤전스 이즈 슬로우 벗 슈어

heavy
[hévi] 헤비 **형** 무거운

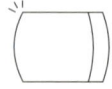

이 박스는 너무 무겁다.
This box is too heavy.
디스 박스 이스 투 헤비

height
[hait] 하이트 **명** 높이, 고도, 해발

신장이 얼마입니까?
What is your height?
왓 이즈 유어 하이트

hell
[hel] 헬 **명** 지옥, 아수라장, 대혼란, 도박 소굴

온통 아단법석이었다.
All hell broke loose.
올 헬 브로크 루스

hello
[helóu] 헬로 **감** (가벼운 인사)안녕

새로운 친구에게 인사를 하세요.
Say hello to a new friend.
세이 헬로 투 어 뉴 프랜드

help

[help] 햎프 **동** ~을 돕다

어떻게 도와드릴까요?
How can I help you?
하우 캔 아이 햎프 유

hen

[hen] 헨 **명** 암탉

암탉은 헨 이라고 한다.
A hen is a female chicken.
어 헨 이즈어 피메일 치킨

hence

[hens] 헨스 **부** 그러므로, 따라서

여기에서 희망봉의 이름이 나왔다.
Hence, there comes the name Cape of Good
헨스 데어 컴즈 더 내임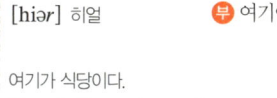
Hope.
호프

here

[hiər] 히얼 **부** 여기에서, 여기에

여기가 식당이다.
Here is the restaurant.
히얼 이스 더 레스토랑

hesitate

[hézitèit] 헤지테이트 **동** 주저하다, 머뭇거리다, 망설이다

그는 결단을 내리기를 주저했다.
He hesitated to make a decision.
히 헤지테이티드 투 메이크 어

hi

[hai] 하이 **감** 안녕

안녕, 난 한국에서 왔어.
Hi, I'm from Korea.
하이 아이엠 프롬 코리아

hide

[haid] 하이드   동 숨다, 싫어하다

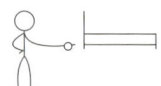

나는 침대 아래 숨을 것이다.
I will hide under the bed.
아이 윌 하이드 언덜 더 베드

---

high

[hai] 하이   형 높은, 높이, 높게

그 산은 정말 높다.
That mountain is really high.
댓 마운틴 이스 리얼리 하이

---

highlight

[háilàit] 하이라이트   명 가장 중요한 부분, 빛나는 장면

그것은 그의 이야기 중 가장 인상적인 부분이었다.
That was the highlight of his talk.
댓 워즈 더 하이라이트 오브 히즈 토크

---

highly

[háili] 하일리   부 높이, 고귀하게, 대단히, 아주, 몹시

그들은 크게 만족해 보였다.
They looked highly pleased.
데이 룩드 하일리 플리즈드

---

hiking

[háikiŋ] 하이킹   명 하이킹, 도보여행

나는 친구와 도보여행을 갈 것이다.
I will go hiking with my friend.
아이 윌 고 하이킹 위드 마이 프랜드

---

hill

[hil] 힐   명 언덕

그녀의 집은 언덕에 있다.
Her house is on the hill.
헐 하우스 이스 온 더 힐

English Graphics Grow-up Vocabulary

hire

[haiər] 하이어   동 고용하다, 세내다, 임차하다

그는 일꾼을 사서 울타리를 고쳤다.
He hired a workman to repair the fence.
히 하이어드 어 워크맨 투 리패어 더 펜스

history

[hístəri] 히스토리   명 역사, 사학

난 고대사에 관심이 있다.
I'm interested in ancient history.
아이엠 인터레스티드 인 엔자이언트 히스토리

hit

[hit] 힛   동 ~을 치다, 때리다

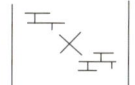

벽을 공으로 치지 말아라.
Don't hit the wall with the ball.
돈트 힛 더 월 위드 더 볼

hold

[hould] 홀드   동 ~을 들다, 잡다, 쥐다

그녀는 손에 커피를 들고 있다.
She is holding a coffee in her hand.
쉬 이스 홀딩 어 커피 인 헐 핸드

hole

[houl] 홀   명 구멍

나는 구멍 안에서 쥐를 봤다.
I saw the mouse in the hole.
아이 소우 더 마우스 인 더 홀

holiday

[hálidèi] 홀리데이   형 공휴일, 휴일

그는 공휴일 동안 집에 있을 것이다.
He will be at home during the holiday.
히 윌 비 엣 홈 듀어링 더 홀리데이

H

hollow
[hálou] 할로우   형 속이 빈, 텅 빈, 힘없는, 희미한

그녀는 힘없는 목소리로 말했다.
She said in a hollow voice.
쉬 새드 인 어 할로우 보이스

holy
[hóuli] 홀리   형 신성한, 성스러운, 거룩한

이것은 성스러운 유물이다.
It is a holy relic.
잇 이즈 어 홀리 렐릭

home
[houm] 홈   명 가정, 집

그는 그의 집으로 돌아갈 것이다.
He will go back to his home.
히 윌 고 백 투 히스 홈

honor
[ánər] 어너   명 명예, 영예, 영광, 특권

그들은 왕 앞에서 공연할 영광을 차지했다.
They had the honor to perform the play before
데이 해드 디 어너 투 퍼폼 더 플래이 비포
the king.
더 킹

hook
[huk] 훅   명 갈고리 동 잠그다

이 옷은 뒤에서 잠그게 되어 있다.
This dress is hooked at the back.
디스 드레스 이즈 훅드 엣 더 백

hope
[houp] 호프   동 ~을 바라다, 희망하다

네가 시험에 합격할 수 있으면 좋겠다.
I hope you will be able to pass the exam.
아이 호프 유 윌 비 에이블 투 패스 더 이그잼

horizon

[həráizən] 호라이즌   명 지평선, 범위, 한계, 시야

시야를 넓혀라.
Expand your horizons.
익스팬드 유어   호라이즌즈

horror

[hɔ́(:)rər] 호러   명 공포, 전율

그는 그 광경을 보고 오싹하게 무서웠다.
He was filled with horror at the sight.
히 워즈 필드 위드 호러 엣 더 사이트

horse

[hɔːrs] 홀스   명 말

검정색 말이 벌판을 달리고 있다.
The black horse is running on the field.
더 블랙 홀스 이스 러닝 언 더 필드

hose

[houz] 호스   명 호스

내 생각에는 물이 호스에서 나온 것 같아.
I think the water came from the hose.
아이 씽크 더 워터 케임 프롬 더 호스

hospital

[háspitəl] 하스피털   명 병원

그녀는 검사를 받기 위해 병원에 가고 있다.
She is going to hospital to get an exam.
쉬 이스 고잉 투 하스피털 투 겟 언 이그잼

host

[houst] 호스트   명 주인, 호스트

그는 회의를 주재했다.
He acted as host to a conference.
히 액티드 애즈 호스트 투 어 컨퍼런스

hot

[hɑt] 핫 형 뜨거운, 더운

이 수프는 먹기에 너무 뜨겁다.
This soup is too hot to eat.
디스 수프 이스 투 핫 투 잇

hotel

[houtél] 명 호텔

이 호텔에는 수영장이 있다.
This hotel has a swimming pool.
디스 호텔 헤스 어 스위밍 풀

hour

[áuər] 아워 명 시간

그는 한 시간 안에 여길 떠날 것이다.
He will leave here in an hour.
히 윌 리브 히얼 인 언 아워

house

[haus] 하우스 명 집

네 명이 이 집에서 살고 있다.
Four people are living in this house.
포 피플 알 리빙 인 디스 하우스

household

[háushòuld] 하우스홀드 명 식솔, 집안 식구

그는 가사를 관리한다.
He managed the household.
히 매내지드 더 하우스홀드

how

[hau] 하우 부 어떻게, 어느 정도, 얼마만큼

이건 얼마인가요?
How much is this?
하우 머취 이스 디스

however

[hauévər] 하우에버   접 그렇지만, 그러나

그러나 나는 그것을 승인할 수 없다.
I cannot, however, approve of it.
아이 캐낫   하우에버   어푸르브 오브 잇

huge

[hju:dʒ] 휴즈   형 거대한, 막대한, 크게 유명한

그 악단은 내년에 크게 유명해질 것이다.
The band is going to be huge next year.
더 밴드 이즈 고잉 투 비 휴즈 넥스트 이어

human

[hjú:mən] 휴먼   형 인간의, 사람의

과오는 인간의 상사이다.
To err is human.
투 얼 이즈 휴먼

hundred

[hʌ́ndrəd] 헌드레드   명 백, 백의

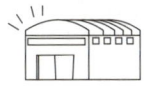

체육관 안에 백 명이 있다.
There are a hundred people in the gym.
데얼 아어 헌드레드 피플 인 더 짐

hungry

[hʌ́ŋgri] 헝그리   형 배고픈, 굶주린

나는 배가 무지 고프다.
I am so hungry.
아이 엠 소 헝그리

hunt

[hʌnt] 헌트   동 사냥하다, 수렵하다, 내쫓다

그 고양이를 내쫓았다.
I hunted the cat away.
아이 헌티드 더 캣 어웨이

hurry

[hə́:ri] 허리   동 서두르다

서두르지 않으면 우리는 학교에 늦을 것이다.
Hurry up, or we will be late for school.
허리 업 올 위 윌 비 레잇 포 스쿨

hurt

[hə:rt] 헐트   동 아프다, 다치다, 마음에 상처를 입다

내 배가 아프다.
My stomach hurts.
마이 스토믹 헐츠

Halloween day

할로윈 데이는 10월 31일 밤에 행하는 서양의 연례 행사 입니다.

그렇다면 그 유래를 알아볼까요? 할로윈의 상징물이라 할 수 있는 잭오랜턴(jack O'LANTERN)은 속을 도려낸 큰 호박에 악마의 얼굴 모습을 새기고 그 안에 초를 고정시켜 놓은 것을 말합니다.

지금으로부터 2,500 여 년 전 '켈트족'의 한 지파인 '골르와 족'의 달력으로는 10월 31일이 한 해의 끝이고 11월 1일 부터를 한 해의 시작으로 봤답니다.

그래서 한 해를 마무리하는 10월 31일 저녁에 모든 아궁이의 불을 다 꺼버리고, 새해 첫 시간에 사맨(SAMAIN)의식을 치뤘답니다.

사멘의식에서는 나쁜 귀신들이 겁을 먹도록 으스스한 옷을 입고 분장을 하였답니다.

그리고 이 의식이 오늘날까지 전해져 할로윈데이가 되었습니다.

오늘날에는 학교에서는 가장파티가 열리고, 밤이 되면 도깨비, 마녀, 해적 등으로 가장한 어린이들이 집집마다 다니며 '과자를 주지않으면 장난치겠다(Trick or Treat) 고 으름장을 놓으면서 초콜릿과 캔디를 얻어가는 날이 되었습니다.

English Korean

ice

[ais] 아이스   **명** 얼음, 빙판

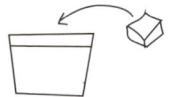

내 음료수에 얼음을 넣고 싶다.
I want some ice in my drink.
아이 원트 썸 아이스 인 마이 드링크

idea

[aidí(:)ə] 아이디어   **명** 생각

그건 정말 좋은 생각이다.
That's a really good idea.
댓스 어 리얼리 굳 아이디어

ideal

[aidí(:)əl] 아이딜   **형** 이상, 완전무결, 이상의, 이상적인

네가 머물 수 있다면 가장 좋을 텐데.
It would be ideal if you could stay.
잇 우드 비 아이딜 이프 유 쿠드 스태이

identify

[aidéntəfài] 아이덴티파이   **동** 감정하다, 증명하다, 식별하다

그 아이가 누구인가는 옷으로 확인되었다.
The child was identified by its clothes.
더 차일드 워즈 아이덴티파이드 바이 잇츠 클로즈

identity

[aidéntəti] 아이덴티티   **명** 동일함, 일치, 동일성

사람을 착각한 경우였다.
It was a case of mistaken identity.
잇 워즈 어 케이스 오브 미스태이큰 아이덴티티

if

[if] 이프   접 만일~라면

내가 만일 너였다면, 그것은 하지 않을 것이다.
If I were you, I wouldn't do that.
이프 아이 월 유 아이 우든트 두 댓

ignore

[ignɔ́:r] 이그노어   동 무시하다, 모르는 체하다, 묵살하다

너보다 못한 사람을 무시하지 마라.
Don't ignore your inferiors.
돈트 이그노어 유어 인뻐리어스

ill

[il] 일   형 병든, 건강이 나쁜

나는 아픈 것 같아서 병원에 갔다.
I felt ill so I went to the hospital.
아이 펠트 일 소 아이 웬트 투 더 하스피털

illustrate

[íləstrèit] 일러스트레이트   동 설명하다

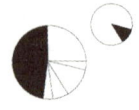

국세조사의 수치는 그 나라가 어떻게 성장했는가를 보여준다.
The census figures illustrate how the nation has grown.
더 센서스 피거스 일러스트래이트 하우 더 내이션 해즈 그라운

image

[ímidʒ] 이미지   명 형태, 모습, 외형, 화상

그들은 조상 앞에 무릎을 꿇었다.
They knelt down before graven images.
데이 넬트 다운 비포 그래이븐 이미지스

imagine

[imǽdʒin] 이매진   동 상상하다, 마음에 그리다, 가정하다

그가 얼마나 큰 성공을 거두었는지 아마 상상도 못할 것이다.
You can little imagine his great success.
유 캔 리틀 이매진 히즈 그래이트 썩세스

immediate

[imíːdiət] 이미디어트 **형** 즉각의, 당장의, 직접의

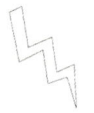

그것이 직접적인 원인이다.
That is an immediate cause.
댓 이즈 언 이미디어트 커즈

impact

[ímpækt] 임팩트 **동** 영향을 주다

그 결정은 당신의 일생에 영향을 줄지도 모른다.
The decision may impact your whole career.
더 디씨전 매이 임팩트 유어 홀 커리어

import

[impɔ́ːrt] 임포트 **동** 수입하다

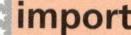

인도에서 면화를 수입했다.
I imported cotton from India.
아이 임포티드 코튼 프럼 인디아

important

[impɔ́ːrtənt] 임포턴트 **형** 중요한, 중대한, 소중한

그 문제는 우리에게 중요하다.
The matter is important to us.
더 매터 이즈 임포턴트 투 어스

impose

[impóuz] 임포즈 **동** 지우다, 과하다, 부과하다

그들은 나의 재산에 과세했다.
They imposed taxes on my property.
데이 임포즈드 택시스 온 마이 프로퍼티

impossible

[impásəbl] 임파써블 **형** 불가능한, 무리한

그가 그것을 하기는 불가능하다.
It is impossible for him to do that.
잇 이즈 임파써블 포 힘 투 두 댓

impression

[impréʃən] 임프레션 　명 인상, 감명, 감상

너에게 나쁜 인상을 심어주고 싶지 않다.
I don't want to give you a wrong impression.
아이 돈트　원　투　기브　유어　롱　　임프레션

improve

[imprúːv] 임푸르브 　동 개선하다, 증진하다

아버지께서는 조랑말을 경마용 말로 키웠다.
My father improved a pony into a racehorse.
마이　파더　임푸르브드　어 포니　인투 어　래이스호스

in

[in] 인 　전 ~안에(서)

그녀는 교실 안에 있다.
She is in the classroom.
쉬 이스 인　더　클래스룸

incident

[ínsidənt] 인씨던트 　명 일어난 일, 사건

정말 무서운 사건이었다.
It was a terrible incident.
잇 워즈 어 테러블　인씨던트

include

[inklúːd] 인클루드 　동 …을 포함하다

식사에는 디저트와 커피가 포함된다.
The meal includes dessert and coffee.
더　밀　인클루즈　디저트 앤　커피

income

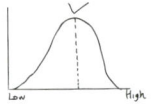

[ínkʌm] 인컴 　명 수입, 소득

우리 가족은 중류 가정이다.
My family is a middle-income family.
마이　패밀리 이즈 어 미들　인컴　패밀리

168　English Graphics Grow-up Vocabulary

increase

[ínkriːs] 인크리스

동 늘다, 불어나다, 번식하다, 증식하다

그녀의 가족이 늘었다.
Her family increased.
허 패밀리 인크리스드

incredible

[inkrédəbl] 인크레더블

형 놀라운, 훌륭한, 대단한, 굉장한

넌 굉장한 기억력을 가졌다.
You have an incredible memory.
유 해브 언 인크레더블 메모리

indeed

[indíːd] 인디드

부 실로, 참으로, 정말, 대단히

정말 어제 비가 몹시 왔다.
Indeed it rained hard yesterday.
인디드 잇 래인드 하드 예스터데이

independent

[ìndipéndənt] 인디펜던트

형 독립한, 자치적인, 자주의, 자유의

그곳은 독립국이다.
It is an independent country.
잇 이즈 언 인디펜던트 컨트리

indicate

[índəkèit] 인디케이트

동 나타내다, 보이다, 표시하다

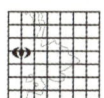

이 지도를 보면 지진이 어디서 일어났는지를 알 수 있다.
This map indicates where the earthquake
디스 맵 인디케이츠 웨어 더 얼쓰퀘이크
occurred.
어커드

individual

[ìndəvídʒuəl] 인디비듀얼

명 개인

그녀는 재미있는 사람이다.
She is an amusing individual.
쉬 이즈 언 어뮤징 인디비듀얼

industry

[índəstri] 인더스트리 **명** 산업, 공업, 제조업, 생산업

아버지께서는 조선업에 종사하신다.
My father is in the shipbuilding industry.

inevitable

[inévitəbl] 인에비타블 **형** 피할 수 없는, 면하기 어려운

그것은 당연한 결론이다.
That is an inevitable conclusion.

influence

[ínfluəns] 인플루언스 **명** 영향, 감화, 작용

이것은 약의 치료적 효과가 있다.
It has the curative influence of a drug.

inform

[infɔ́ːrm] 인폼 **동** 알리다, 알려 주다, 통지하다

그 편지로 그 남자가 언제 오는지를 알았다.
The letter informed me when the man was coming.

informal

[infɔ́ːrməl] 인포멀 **형** 형식을 따지지 않는, 탁 터놓은, 평상복의

격의 없는 회합이었다.
It was an informal gathering.

initial

[iníʃəl] 이니셜 **형** 처음의, 최초의, 시초의

창업비가 얼마 정도 듭니까?
How much would be the initial expenditure?

injury

[índʒəri] 인저리 **명** 상해, 손상, 해, 위해, 손해

고온 피해이다.
It is a high temperature injury.
잇 이즈 어 하이   템퍼러쳐   인저리

ink

[iŋk] 잉크 **명** 잉크

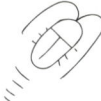

나는 내 프린터에 쓸 잉크를 사야 한다.
I need to buy the ink for my printer.
아이 니드 투 바이 디 잉크 포 마이 프린터

insect

[ínsekt] 인섹트 **명** 곤충, 벌레

난 곤충이 너무 싫다.
I hate insects.
아이 해이트 인섹츠

insist

[insíst] 인시스트 **동** 강요하다, 조르다

꼭 출석해 주시기를 바랍니다.
I insist on your being present.
아이 인씨스트 온 유어   비잉   프레전트

instant

[ínstənt] 인스턴트 **형** 즉시, 찰나, 순간, 순식간

즉시 이곳으로 오시오!
Come here this instant!
컴   히어   디스   인스턴트

instead

[instéd] 인스태드 **부** 그 대신에, 그 보다도

대신 이것을 주시오
Give me this instead.
기브   미 디스   인스태드

한번 보면 바로 생각나는 **영단어** 171

institution

[institjúːʃən] 인스티튜션 명 학회, 협회, 원

자선 단체를 열고 싶다.
I want to establish a charitable institution.
아이 원 투 이스타블리쉬 어 채리타블 인스티튜션

instruct

[instrʌ́kt] 인스트럭트 동 가르치다, 교육하다

젊은 사람들을 가르치고 싶다.
I want to instruct the young.
아이 원 투 인스트럭트 더 영

instrument

[ínstrəmənt] 인스트러먼트 명 기계, 기구, 도구

그것들은 외과용 기구이다.
Those are surgical instruments.
도즈 아 설지칼 인스트러먼츠

insult

[insʌ́lt] 인설트 동 모욕하다, 욕보이다

그는 나를 바보라고 부르며 모욕했다.
He insulted me by calling me a fool.
히 인설티드 미 바이 콜링 미 어 풀

insurance

[inʃú(ː)ərəns] 인슈어런스 명 보험

난 집에 보험을 들었다.
I took out insurance on my house.
아이 툭 아웃 이슈어런스 온 마이 하우스

intelligence

[intélidʒəns] 인텔리전스 명 지성, 총명, 지혜

화재가 일어났을 때 그는 머리를 써서 소화기로 불을 껐다.
He had the intelligence to put the fire out with
히 해드 디 인텔리전스 투 풋 더 파이어 아웃 위드
a fire extinguisher.
어 파이어 엑스팅귀셔

intend

[inténd] 인텐드   동 …할 작정이다, …하려고 생각하다

나는 갈 작정이다.
I intend on going.
아이 인텐드 온 고잉

interest

[íntərəst] 인터레스트   명 관심, 흥미, 감흥, 재미

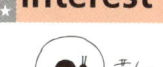

나는 이것에 흥미가 없다.
This has no interest for me.
디스 해즈 노 인터레스트 포 미

interior

[intí(:)əriər] 인티어리어   형 내부의, 안쪽의

네 집안 풍경이 아름답다.
The interior view of your house looks beautiful.
더 인티어리어 뷰 오브 유어 하우스 룩스 뷰티풀

internal

[intə́ːrnəl] 인터널   동 내부의, 체내의

공항 내선 전화를 써보세요.
You can try the internal airport telephone.
유 캔 트라이 디 인터널 에어포트 텔레폰

international

[ìntərnǽʃənəl] 인터내셔날   형 국제적인, 국제간의

국제 회의가 곧 열린다.
An international conference will be held soon.
언 인터내셔날 컨퍼런스 윌 비 헬드 쑨

interpret

[intə́ːrprit] 인터프릿   동 해석하다, 설명하다

그는 그 부호를 나에게 설명해 주었다.
He interpreted those signs to me.
히 인터프리티드 도즈 사인즈 투 미

한번 보면 바로 생각나는 영단어 173

interrupt

[ìntərʌ́pt] 인터럽트 **동** 가로막다, 저지하다

그들은 전류를 차단했다.
They interrupted the electric current.
데이 인터럽티드 디 일렉트릭 커런트

interval

[íntərvəl] 인터발 **명** 간격

그일은 5년의 간격을 두고 일어났다.
The event happened at an interval of five years.
더 이벤트 해픈드 엣 언 인터발 오브 파이브 이어스

interview

[íntərvjùː] 인터뷰 **명** 회견, 대담, 인터뷰, 면접

난 내일 오후에 면접을 보러 가야한다.
I have an interview tomorrow afternoon.
아이 해브 언 인터뷰 투마로우 에프터눈

into

[íntə] 인투 **전** ~안으로, ~속으로

우리가 집 안으로 들어가도 될까?
Shall we go into the house?
쉘 위 고 인투 더 하우스

introduce

[ìntrədjúːs] 인트로듀스 **동** 소개하다, 만나게 해주다

동생을 소개하겠습니다.
Let me introduce my brother to you.
렛 미 인트로듀스 마이 브라더 투 유

invent

[invént] 인벤트 **동** 발명하다, 창안하다

와트는 증기 기관을 발명했다.
J. Watt invented the steam engine.
제이 와트 인벤티드 더 스팀 엔진

174 English Graphics Grow-up Vocabulary

invest

[invést] 인베스트 동 투자하다, 운용하다

주식에 투자해 봐라.
You should invest your money in stocks.
유 슈드 인베스트 유어 머니 인 스톡스

investigate

[invéstəgèit] 인베스티게이트 동 조사하다, 수사하다

경찰은 그 자동차 사고의 원인을 조사했다.
The police investigated the cause of the car
더 폴리스 인베스티게이티드 더 커즈 오브 더 카
accident.
액씨던트

involve

[inválv] 인볼브 동 포함하다, 수반하다

그래서 나는 그에게 돈을 꾸어야 했다.
It involved borrowing money from him.
잇 인볼브드 바로윙 머니 프럼 힘

island

[áilənd] 아일랜드 명 섬

그녀는 제주도에서 왔다.
She is from Je-ju Island.
쉬 이스 프롬 제주 아일랜드

issue

[íʃu:] 이슈 명 발행물, 발행 부수

잡지의 3월호를 샀다.
I bought the March issue of a magazine.
아이 밧 더 마취 이슈 오브 어 매거진

it

[it] 잇 대 이것, 날씨를 나타낼 때, 사람을 나타낼 때

이것은 사과이다.
It's an apple.
잇츠 언 에쁠

한번 보면 바로 생각나는 영단어 175

item

[áitem] 아이템 **명** 항목, 조목, 조항, 종목

영업 종목이 뭡니까?
What are the items of business?
왓 아 더 아이템즈 오브 비즈니스

알파벳 I의 유래

I는 원시나이어 알파벳의 열 번째 철자 'yod'에서 파생됐다. 이 철자를 나타내는 원래 그림문자들은 팔, 팔뚝, 손 형태를 따서 나왔다.

이는 다듬어진 파피루스 다발과 손을 위로 향해 뻗은 팔이다. 원래의 의미는 손, 잡기, 주기이며, 여기서 증명, 명령, 밝히기, 보여주기, 다양성, 축복 등의 의미들이 파생됐다.

English Korean

jet
[dʒet] 젯　　　**명** 제트기

그는 제트기를 타고 뉴욕에 갔다.
He jetted to New York.
히　제티드　투　뉴욕

jewel
[dʒúːəl] 쥬얼　　　**명** 장신구, 보석 장식

보석 반지를 받았다.
I got a ring set with a jewel.
아이 갓 어 링 셋 위드 어 쥬얼

job
[dʒɑb] 잡　　　**명** 일, 직업

네 직업이 뭐니?
What's your job?
왓츠　유어　잡

join
[dʒɔin] 조인　　　**동** ~참가하다

함께 게임을 하지 않겠습니까?
Will you join us for a game?
윌　유　조인　어스　포　어　게임

joint
[dʒɔint] 조인트　　　**명** 이음매, 이은 자리, 접합, 관절

팔꿈치의 관절이 아프다.
My elbow joint hurt.
마이　엘보우　조인트　허트

한번 보면 바로 생각나는 영단어　**177**

joke

[dʒouk] 조크 　명 농담, 재담, 익살, 우스운 일

그는 온 동네의 웃음거리이다.
He is the joke of the town.
히 이즈 더 조크 오브 더 타운

---

journal

[dʒə́ːrnəl] 저널 　명 일지, 일기, 잡지

월간 잡지를 구독하고 싶어요.
I would like to subscribe to a monthly journal.
아이 우드 라이크 투 서브스크라이브 투 어 먼쓸리 저널

---

journey

[dʒə́ːrni] 저니 　명 여행

시골 여행에 다녀왔다.
I went on a journey into the country.
아이 웬트 온 어 저니 인투 더 컨트리

---

joy

[dʒɔi] 조이 　명 기쁨, 즐거움, 행복, 환희, 기쁨의 근원

아름다운 것은 영원한 기쁨이다.
A thing of beauty is a joy forever.
어 띵 오브 뷰티 이즈 어 조이 포에버

---

judge

[dʒʌdʒ] 저지 　명 재판관, 법관 동 판단하다, 평가하다, 비판하다

사람을 그의 수입으로 평가해선 안 된다.
You must not judge a man by his income.
유 머스트 낫 저지 어 맨 바이 히즈 인컴

---

juice

[dʒuːs] 주스 　명 주스

오렌지 주스 마실래?
Would you like some orange juice?
우드 유 라이크 썸 오랜지 주스

jump

[dʒʌmp] 점프   동 뛰다, 뛰어오르다

의자에서 벌떡 일어났다.
I jumped out of the chair.
아이 점프드 아웃 오브 더 체어

jungle

[dʒʌ́ŋgl] 정글   명 밀림, 정글

정글에서 살고 싶다.
I wish to live in the jungle.
아이 위시 투 리브 인 더 정글

just

[dʒʌst] 저스트   부 바로, 금방, 조금 전에

잠깐만 기다려 주십시오.
Just a moment, please.
저스트 어 모멘트 플리즈

대박나다

본인의 노력보다 더 좋은 성과를 바라는 것이죠.
올 해도 어떤 일에서든지 대박나기를 바라며 영어로 무엇으로 표현하는지 알아 봅시다.
슬롯 머신에서 운이 좋아 돈이 좌르르 쏟아지는 횡재를 'jackpot'이라고 합니다.
그래서 이 단어가 '대박', 즉 '뜻밖의 대 성공'을 나타내는 말로 쓰입니다.

대박났어!
I hit the jackpot !

English Korean

keen
[ki:n] 킨　　　형 날카로운, 예리한, 예민한, 민감한

개는 후각이 예민하다.
The dog is keen of scent.
더　도그　이즈　킨　오브　쎈트

---

keep
[ki:p] 킵　　　동 ~을 지니다, 가지다

넌 어디다가 네 책을 두니?
Where do you keep your books?
웨어　두　유　킵　유어　북스

---

key
[ki:] 키　　　명 열쇠

열쇠를 잃어버렸다.
I've lost my key.
아이브 로스트 마이　키

---

kick
[kik] 킥　　　동 차다

아무도 차지 마라.
Don't kick anyone.
돈트　킥　애니원

---

kid
[kid] 키드　　　명 어린아이　동 농담하다

농담하는 거지?
Are you kidding me?
아　유　키딩　미

180　English Graphics Grow-up Vocabulary

kill

[kil] 킬 　　　동 죽이다, 살해하다

그녀는 교통 사고로 죽었다.
She was killed in a traffic accident.
쉬　워즈　킬드　인 어　트래픽　엑씨던트

kind

[kaind] 카인드 　　　형 친절한

책을 빌려 주셔서 대단히 고맙습니다.
It is very kind of you to lend me the book.
잇 이즈 베리　카인드 오브　유 투 렌드　미　더　북

king

[kiŋ] 킹 　　　명 왕, 임금

나는 왕이다.
I'm the king.
아이엠 더　킹

kingdom

[kíŋdəm] 킹덤 　　　명 왕국, 영역

시의 영역이란 무엇인가?
What is the kingdom of poetry?
왓　이즈 더　킹덤　오브 포에트리

kiss

[kis] 키스 　　　동 가볍게 스치다

바람이 나무들을 스쳤다.
The wind kissed the trees.
더　윈드　키스드　더　트리즈

kitchen

[kítʃən] 키친 　　　명 부엌

부엌에 있어.
It's in the kitchen.
잇츠 인 더　키친

knee
[niː] 니   명 무릎

내 무릎을 다쳤다.
I hurt my knee.
아이 허트 마이 니

---

knife
[naif] 나이프   명 칼, (식탁의)나이프

칼을 만지지 마라.
Don't touch the knife.
돈트 터치 더 나이프

---

knock
[nɑk] 녹   동 (문을)두드리다, 노크하다, 부딪치다

파도가 바위에 부딪쳤다.
The waves knocked against the rocks.
더 웨이브스 녹드 어게인스트 더 락스

---

knot
[nɑt] 낫   명 매듭, 고

매듭을 지을 줄 모른다.
I don't know how to make a knot.
아이 돈트 노 하우 투 매이크 어 낫

---

know
[nou] 노   동 ~를 알다

나도 알아.
I know that too.
아이 노 댓 투

---

knowledge
[nálidʒ] 놀리지   명 지식, 아는 것

아는 게 힘이다.
Knowledge is power.
놀리지 이즈 파워

English Korean

lack
[læk] 랙　　　명 부족, 결핍

사막에는 물이 없다.
A desert lacks water.
어 데저트 랙스 워터

lady
[léidi] 래이디　　　명 숙녀, 귀부인

그녀는 좋은 집안에서 태어났다.
She is a lady by birth.
쉬 이즈 어 래이디 바이 버쓰

lake
[leik] 래이크　　　명 호수

호수에 조용히 잔물결이 일었다.
The lake rippled gently.
더 래이크 리플드 젠틀리

lamp
[læmp] 램프　　　명 등, 램프

이 램프는 갈고리에 의지한다.
The lamp depends on a hook.
더 램프 디팬즈 온 어 후크

land
[lænd] 랜드　　　명 육지, 땅

그는 지주이다.
He is the land owner.
히 이즈 더 랜드 오너

L

language
[lǽŋgwidʒ] 랭귀지   명 언어, …말

그는 3개 국어를 말한다.
He speaks three languages.
히 스픽스 뜨리 랭귀지스

large
[lɑːrdʒ] 라지   형 큰, 커다란

난 큰 모자를 원한다.
I want a large hat.
아이 원트 어 라지 햇

last
[læst] 라스트   형 마지막의, 최후의, 지난, 앞선

우리 집은 왼쪽 끝 집이야.
My house is the last house on the left.
마이 하우쓰 이즈 더 라스트 하우스 온 더 래프트

late
[leit] 래이트   형 늦은

늦어서 미안해.
I'm sorry, I'm late.
아이엠 쏘리 아이엠 래이트

laugh
[læf] 래프   동 웃다

그는 웃으며 승낙했다.
He laughed in assent.
히 래프드 인 아센트

law
[lɔː] 로   명 법률, 법규

그의 말은 법률이다.
His word is law.
히즈 워드 이즈 로

lay

[lei] 래이   동 놓다, 두다, 눕히다

책을 책상 위에 놓아도 된다.
You can lay the book on the desk.
유 캔 래이 더 북 온 더 데스크

lazy

[léizi] 래이지   형 게으른, 나태한

난 편지를 잘 안 쓰는 사람이다.
I'm a lazy correspondent.
아이엠 어 래이지   코레스폰던트

lead

[led] 리드   동 이끌다, 안내하다

이 길을 따라 가면 정거장에 이릅니다.
This road will lead you to the station.
디스 로드 윌 리드 유 투 더 스테이션

leadership

[líːdərʃip] 리더쉽   명 지도자 지위, 지도력

그는 리더쉽이 강하다.
He is a man of a great leadership.
히 이즈 어 맨 오브 어 그래이트   리더쉽

leaf

[liːf] 리프   명 나뭇잎, 잎사귀

참나무 잎은 단순합니다.
An oak leaf is a simple leaf.
언 오크 리프 이즈 어 심플 리프

lean

[liːn] 린   동 기대다, 기대서다

의자에 기대지 마라.
Lean off the chair.
린 오프 더 채어

L

learn
[lə:rn] 런   **동** ~을 배우다, 익히다

그녀가 어디서 왔는지 그는 아직 모른다.
He is yet to learn where she came from.
히 이즈 옛 투 런 웨어 쉬 캐임 프럼

leave
[liːv] 리브   **동** 떠나다, 작별하다

소년은 학교를 그만둬야 했다.
The boy had to leave school.
더 보이 해드 투 리브 스쿨

lecture
[léktʃər] 렉쳐   **명** 강의, 강연, 강화

그는 외교 문제에 관하여 강의를 했다.
He lectured on foreign affairs.
히 렉쳐드 온 포린 어페어스

left
[left] 레프트   **동** leave의 과거, 과거 분사형

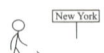

나는 런던을 떠나 뉴욕으로 향했다.
I left London to go to New York.
아이 레프트 런던 투 고 투 뉴욕

leg
[leg] 레그   **명** 다리

내 다리가 부러졌다.
I broke my leg.
아이 브로크 마이 레그

legal
[líːgəl] 리갈   **형** 법률의, 법률에 관한, 법정의

그것이 허용 최고 속도이다.
That is the legal limit.
댓 이즈 더 리갈 리미트

lend

[lend] 렌드   동 빌려 주다, 빌리다

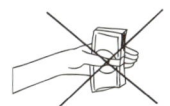

그것은 빌려 줄 수 없다.
I can't lend it to you.
아이 캔트 렌드 잇 투 유

length

[leŋkθ] 렝쓰   명 길이, 키

이 강은 길이가 100킬로미터이다.
This river has a length of 100 kilometers.
디스 리버 해즈 어 렝쓰 오브 헌드레드 킬로미터스

lesson

[lésən] 레슨   명 (교과서) 과, 수업, 교훈

그 여자의 운명을 교훈으로 삼아라.
Let her fate be a lesson to you.
렛 허 페이트 비 어 레슨 투 유

let

[let] 렛   동 ~하게하다, ~시키다

내가 할게.
Let me do it.
렛 미 두 잇

letter

[létər] 레터   명 글자, 편지

그 편지를 곧 너에게 보내줄게.
I will send that letter to you soon.
아이 윌 샌드 댓 레터 투 유 쑨

level

[lévəl] 레벨   명 수평, 수평면, 평면, 수평선

물은 수평으로 되게 마련이다.
Water finds its level.
워터 파인즈 잇츠 레벨

L

liberal
[líbərəl] 리버럴   형 자유주의의, 후한, 너그러운

그녀는 아낌없이 주는 사람이다.
She is a liberal giver.
쉬 이즈 어 리버럴 기버

liberty
[líbərti] 리버티   명 자유, 해방, 출입의 자유

방문자들은 그 도시를 자유롭게 돌아다닐 수 있도록 허가받았다.
The visitors were given the liberty of the city.
더 비시터즈 워 기븐 더 리버티 오브 더 시티

library
[láibrèri] 라이브러리   명 도서관

난 도서관에 가야 해.
I have to go to the library.
아이 해브 투 고 투 더 라이브러리

lid
[lid] 리드   명 뚜껑

뚜껑을 못 찾겠다.
I can't find the lid.
아이 캔트 파인드 더 리드

lie
[lai] 라이   명 거짓말

거짓말을 했다니 가만히 있을 수가 없어.
I wouldn't tell a lie.
아이 우든트 텔 어 라이

lift
[lift] 리프트   동 올리다, 들어올리다, 들다

교회의 뾰족탑이 높이 솟아 있다.
The church lifts its spire.
더 철치 리프츠 잇츠 스파이어

light

[lait] 라이트   명 빛

모든 색은 빛에 의해 존재한다.
All colors depend on light.
올 컬러스 디팬드 온 라이트

like

[laik] 라이크   동 좋아하다

난 이 색깔이 좋다.
I like this color.
아이 라이크 디쓰 컬러

likely

[láikli] 라이클리   형 …할 것 같은

그는 올 것 같지 않다.
He is not likely to come.
히 이즈 낫 라이클리 투 컴

limit

[límit] 리밋   명 극한, 한도, 제한

모든 일에는 한계가 있는 법이다.
There is a limit to everything.
데어 이즈 어 리미트 투 에브리띵

line

[lain] 라인   명 선, 줄

전화가 혼선이다.
The lines are crossed.
더 라인즈 아 크로스드

link

[liŋk] 링크   동 연결하다, 잇다

그 연락선은 섬과 본토를 연결한다.
The ferryboat links the island to the mainland.
더 페리보트 링크스 디 아일랜드 투 더 매인랜드

lion

[láiən] 라이언 　명 사자

사자는 정글의 왕이다.
A lion is the king of the jungle.
어 라이언 이즈 더 킹 오브 더 정글

lip

[lip] 립 　명 입술

나는 절대 말하지 않겠다.
My lips are sealed.
마이 립스 아 씰드

liquid

[líkwid] 리퀴드 　동 액체

물은 액체이다.
Water is liquid.
워터 이즈 리퀴드

list

[list] 리스트 　명 명부, 명단, 표, 목록

이 사전은 가격표에 의하면 2만원이다.
This dictionary lists at 20,000 won.
디스 딕셔너리 리스츠 엣 트웬티 따우젠드 원

listen

[lísn] 리슨 　동 듣다, 귀를 기울이다

그 일에 대해 그가 하는 말을 잘 들어라.
Listen to what he says on the matter.
리슨 투 왓 히 세즈 온 더 매터

literature

[lítərətʃùər] 리터러처 　명 문학, 문예

난 극문학을 배운다.
I study dramatic literature.
아이 스터디 드라마틱 리터러처

load

[loud] 로드　　　명 적재 하물, 짐

모래를 가득 실은 덤프 트럭이 저기있다.
There is a dump truck with a full load of sand.

loan

[loun] 론　　　명 대부금, 공채, 차관

학교에서 돈을 빌렸다.
I got a loan of money from the school.

locate

[lóukeit] 로캐이트　　　동 정하다, 두다

사무실은 파리의 중심부에 있다.
The office is centrally located in Paris.

lock

[lɑk] 락　　　명 자물쇠

자물쇠가 잠겨져 있는지 점검해 주세요.
Please check the lock.

logic

[ládʒik] 로직　　　명 논리학, 논리학 서적, 타당성

그것은 움직일 수 없는 사실의 힘이다.
It is the irresistible logic of facts.

long

[lɔ(:)ŋ] 롱　　　형 (물건의 길이가)긴, 길쭉한, (시간이)긴

아직도 갈 길이 멀다.
We still have a long way to go.

L

look
[luk] 룩   동 찾다, 보다, 바라보다

내 시계 좀 찾아봐 줄래?
Would you look for my watch?
우드 유 룩 포 마이 워치

loose
[luːs] 루스   형 풀린, 벗겨진, 놓아주다, 자유롭게 하다

말들을 들에 풀어놓아라.
Let loose the horses in the field.
렛 루스 더 홀시스 인 더 필드

lose
[luːz] 루즈   동 잃다, 지다, 패배하다, 낭비하다

한시도 지체할 수 없다.
There is not a moment to lose.
데어 이즈 낫 어 모멘트 투 루즈

loss
[lɔ(ː)s] 로스   명 분실, 유실, 손실, 손해

도난 손해를 부담하겠습니다.
I will bear the loss of a robbery.
아이 윌 베어 더 로스 오브 어 로버리

lot
[lɑt] 랏   명 많음, 다량

샌프란시스코에는 멋진 공원들이 많이 있습니다.
There are a lot of nice parks in San Francisco.
데어 아 어 랏 오브 나이쓰 파크쓰 인 샌 프란시스코

loud
[laud] 라우드   형 소리가 큰, 시끄러운

네가 너무 큰소리로 말하잖아.
You are speaking with a loud voice.
유 아 스피킹 위드 어 라우드 보이스

love

[lʌv] 러브   동 사랑하다, 아주 좋아하다

난 너를 사랑해.
I love you.
아이 러브 유

low

[lou] 로우   형 낮은

수은주가 내려가 있다.
The glass is low.
더   글래스 이즈 로우

luck

[lʌk] 럭   명 운, 행운

운 좋게 그곳에서 그녀를 만났다.
I had the luck to see her there.
아이 해드 더   럭 투 씨 허   데어

lunch

[lʌnʧ] 런치   명 점심

점심 함께 먹을래?
Do you want to go eat lunch together?
두 유   원트 투 고 잇   런치   투게더

lung

[lʌŋ] 렁   명 폐, 허파

나에게는 폐질환이 있다.
I have a lung disease.
아이 해브 어 렁   디지스

English Korean

machine
[məʃíːn] 머신 **명** 기계, 기계 장치

새 세탁기가 필요하다.
I need a new washing machine.
아이 니드 어 뉴 워싱 머신

magazine
[mӕ̀gəzíːn] 매거진 **명** 잡지

당신이 잡지의 사진 편집기사를 했으면 좋겠습니다.
I'd like you to be the photo editor of the
아이드 라이크 유 투 비 더 포토 에디터 오브 더
magazine.
매거진

maintain
[meintéin] 매인태인 **동** 지속하다

바른 자세를 유지해야 한다.
You need to maintain correct posture.
유 니드 투 매인태인 코렉트 포스쳐

major
[méidʒər] 매이저 **형** 큰 쪽의, 보다 많은 **명** 전공

그녀는 심리학 전공 학생이다.
She is a psychology major.
쉬 이즈 어 싸이콜로지 매이저

make
[meik] 매이크 **동** ~을 만들다

이 초상화에서 그는 너무 나이가 들어 보인다.
This portrait makes him too old.
디쓰 폴트레잇 매익스 힘 투 올드

194 English Graphics Grow-up Vocabulary

man

[mæn] 맨 　　　명 남자, 사람, 인간

사람은 죽게 마련이다.
Man is mortal.
맨 이즈 몰틀

manage

[mǽnidʒ] 매니지 　　　동 이럭저럭 해내다, 용케 …해내다

어떻게든 해보겠다.
I'll manage it somehow.
아이윌 매니지 잇 썸하우

manner

[mǽnər] 매너 　　　명 방법, 방식, 예절

점잖지 못하게 구는구나?
Where are your manners?
웨어 아 유어 매너스

manufacture

[mæ̀njəfǽktʃər] 매뉴팩처 　　　명 제조, 제작, 생산, 형성

그는 제강업에 종사한다.
He is in the steel manufacture.
히 이즈 인 더 스틸 매뉴팩처

many

[méni] 매니 　　　형 많은, 다수의

몇 개 가지고 있습니까?
How many have you got?
하우 매니 해브 유 갓

map

[mæp] 맵 　　　명 지도

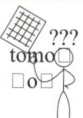

지도 가지고 있니?
Do you have the map?
두 유 해브 더 맵

M

march
[mɑːrtʃ] 마취
동 행진하다, 진군하다, 행군하다

적군이 행진하여 들어왔다.
The enemy troops marched in.
더 에너미 트룹스 마취드 인

---

market
[máːrkit] 말켓
명 시장

시장에 갔다 왔다.
I went to the market.
아이 웬트 투 더 말켓

---

marry
[mǽri] 매리
동 …와 결혼하다, 시집 보내다

그녀는 출가시킬 딸이 셋 있다.
She has three daughters to marry.
쉬 해즈 뜨리 도터스 투 매리

---

mass
[mæs] 매스
명 모임, 밀집, 집단, 다량, 다수

산더미같이 쌓인 편지가 저기 있다.
There was a mass of letters.
데어 워즈 어 매스 오브 레터스

---

master
[mǽstər] 매스터
명 주인, 지배권을 가진 사람

그 주인에 그 머슴
Like master, like man.
라이크 매스터 라이크 맨

---

match
[mætʃ] 매취
명 어울리는 사람, 한 쌍의 한 쪽

그들은 꼭 어울리는 한 쌍이다.
They are right matches.
데이 아 라이트 매취스

material

[mətí(:)əriəl] 매테리알　**명** 재료, 물질, 원료

필요한 재료가 다 없다.
I don't have all the materials I need.
아이 돈트 해브 올 더   매테리알스 아이 니드

---

matter

[mǽtər] 매터　**명** 일, 사정, 상황, 문제

뭐가 문제야?
What's the matter?
왓츠   더   매터

---

maximum

[mǽksəməm] 맥시멈　**형** 최대한, 최대량, 최고점

드라이버 최대 속도 제한을 초과하지 않아야 합니다.
Drivers must not exceed a maximum speed limit.
드라이버스 머스트 낫 엑씨드 어   맥씨멈   스피드 리미트

---

may

[mei] 매이　**초** ~해도 좋다(허락), ~일 지도 모른다(추측)

넌 내 책을 빌려도 된다.
You may borrow my book.
유 매이   바로우 마이 북

---

meal

[miːl] 밀　**명** 식사, 식사 시간

식사를 서둘러 마친 그는 집으로 갔다.
He put for home after a hurried meal.
히 풋 포 홈   애프터 어 허리드   밀

---

meanwhile

[míːnhwàil] 민와일　**부** 그동안에

그동안 밥먹고 있을게.
I will eat meanwhile.
아이 윌 잇   민와일

M

measure
[méʒər] 매져   **동** 재다, 측정하다

재단사는 새 옷을 지으려고 내 치수를 쟀다.
The tailor measured me for new clothes.
더 태일러 매져드 미 포 뉴 클로즈

meat
[mi:t] 미트   **명** 고기

난 고기를 먹지 않는다.
I don't eat meat.
아이 돈트 잇 미트

medal
[médəl] 메달   **명** 훈장

그는 그의 영웅적 행동 덕에 훈장을 받았다.
He received a medal for his heroism.
히 리씨브드 어 메달 포 히즈 히로이즘

medical
[médikəl] 메디칼   **형** 의학의, 의료의, 의사의

당신의 의료기록을 찾아 보겠습니다.
Let me look for your medical records.
렛 미 룩 포 유어 메디칼 레코즈

medicine
[médisin] 메디슨   **명** 약

두통약이 필요하다.
I need some medicine for my headache.
아이 니드 썸 메디슨 포 마이 해드애이크

medium
[mí:diəm] 미디엄   **명** 수단, 방편

휴대 전화는 통신의 수단이다.
Cell phones are the medium of communication.
셀 폰즈 아 더 미디엄 오브 커뮤니케이션

meet

[mi:t] 밋 　　　동 만나다

내일 만날래?
Do you want to meet up tomorrow?
두 유 원 투 밋 업 투마로

melon

[mélən] 멜론 　　　명 참외

그는 수박을 샀다.
He bought a water melon.
히 밧 어 워터 멜론

melt

[melt] 멜트 　　　동 녹다, 용해하다

설탕은 물에 녹는다.
Sugar melts in water.
슈가 멜트 인 워터

member

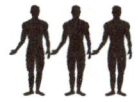

[mémbər] 멤버 　　　명 일원, 회원, 사원

너도 이제 우리 가족의 한 사람이다.
You are now a member of the family.
유 아 나우 어 멤버 오브 더 패밀리

membership

[mémbərʃip] 멤버쉽 　　　명 멤버쉽, 회원의 지위

난 이 수영장에 멤버쉽이 있다.
I have a membership to this swimming pool.
아이 해브 어 멤버쉽 투 디스 스위밍 풀

memory

[méməri] 메모리 　　　명 기억, 상기

난 사진처럼 정확한 기억력을 가졌다.
I have a photographic memory.
아이 해브 어 포토제닉 메모리

한번 보면 바로 생각나는 영단어 **199**

mental
[méntəl] 멘탈
형 마음의, 정신의, 심적인, 정신병의

나는 정신병 전문의이다.
I am a mental specialist.
아이 엠 어 멘탈   스페셜리스트

mention
[ménʃən] 멘션
동 간단히 말하다, 언급하다

나는 그 일을 그에게 간단히 언급했을 뿐이다.
I only just mentioned it to him.
아이 온니 저스트   멘션드   잇 투 힘

mercy
[mə́ːrsi] 머씨
명 자비, 인정, 연민

나는 그를 가엾이 여겨 용서해 주었다.
I spared him out of mercy.
아이 스패어드 힘 아웃 오브 머씨

mere
[miər] 미어
형 단순한, 순전한, 단지 …에 불과한

그야말로 어리석기 이를 데 없는 짓이다.
That is the merest folly.
댓 이즈 더 미어리스트 폴리

message
[mésidʒ] 메세지
명 통신, 메시지, 전갈, 전언

당신 앞으로 메시지가 와 있습니다.
You have a message.
유 해브 어   메시지

metal
[métəl] 메탈
명 금속, 금속 원소, 합금

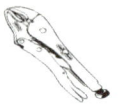

오븐 온도계는 금속 스트립을 사용합니다.
An oven thermometer uses a metal strip.
언 오븐   떨모미터   유지스 어 메탈 스트립

meter

[míːtər] 미터

명 (길이, 거리의 측정 단위) 미터

그것의 길이는 오 미터 이다.
That is five meters long.
댓 이즈 파이브 미터스 롱

method

[méθəd] 메쏘드

명 방법, 방식

그는 대수의 효과적인 교수법을 알고 있다.
He knows an effective method of teaching algebra.
히 노즈 언 이펙티브 메쏘드 오브 티칭 알제브라

middle

[mídl] 미들

명 중간, 중앙

나는 아주 외딴 곳에 있다.
I'm in the middle of nowhere.
아이엠 인 더 미들 오브 노웨어

mild

[maild] 마일드

형 온후한, 온화한, 상냥한

대게 미국 음식은 맛이 순하다.
In general, American food is mild tasting.
인 제너랄 아메리칸 푸드 이즈 마일드 태이스팅

military

[mílitèri] 밀리터리

형 군사의, 군인의

군사 임무는 실망적이었다.
The military assignment was frustrating.
더 밀리터리 어싸인먼트 워즈 프러스트래이팅

milk

[milk] 밀크

명 우유

계란과 우유를 섞어라.
Blend the eggs with the milk.
블렌드 디 에그스 위드 더 밀크

M

million
[míljən] 밀리언 **명** 백만

비용은 대략 2 백만 달러 정도 일 것입니다.
The cost will be approximately two million dollars.
더 코스트 윌 비 어프록씨매이트리 투 밀리언 달러스

mind
[maind] 마인드 **명** 마음, 정신 **동** 주의하다, 유의하다

내 말을 잘 들어라.
Mind what I tell you.
마인트 왓 아이 텔 유

minimum
[mínəməm] 미니멈 **명** 최저액, 최저치, 최소량

최저 가격이 얼마입니까?
What is the minimum price?
왓 이즈 더 미니멈 프라이스

minister
[mínistər] 미니스터 **동** 기여하다, 공헌하다

넌 나에게 위안을 주는 데 일조했다.
You ministered to my comfort.
유 미니스터드 투 마이 컴포트

minor
[máinər] 마이너 **형** 작은 편의, 중요치 않은, 둘째 가는

그는 2류 시인이다.
He is a minor poet.
히 이즈 어 마이너 포엣

minute
[mainjú:t] 미니트 **명** (시간의)분, 잠깐

지금 곧 오시오!
Come here this minute!
컴 히어 디스 미니트

mirror

[mírər] 미러   명 거울

그는 벽에 거울을 걸었다.
He screwed the mirror onto the wall.
히 스크루드 더 미러 온투 더 알

miss

[mis] 미쓰   동 놓치다

기차를 놓쳤다.
I missed the train.
아이 미쓰드 더 트레인

mistake

[mistéik] 미스태이크   명 잘못, 틀림, 착오, 착각

그것은 틀림없다.
There is no mistake about it.
데어 이즈 노 미스태이크 어바웃 잇

moderate

[mádərit] 모더레이트   형 절제있는, 온건한

그는 온건한 생각을 가진 사람이다.
He is a man of moderate opinions.
히 이즈 어 맨 오브 모더래이트 어피니언스

modern

[mádərn] 모던   형 근대의, 근세의, 현대의

현대의 도시 생활이 좋다.
I like modern city life.
아이 라이크 모던 시티 라이프

modest

[mádist] 모디스트   형 겸손한, 신중한, 조심성 있는

그는 성공을 자랑하지 않는다.
He is modest about his success.
히 이즈 모디스트 어바웃 히즈 썩세스

mom
[mɑm] 맘 　명 엄마

우리 엄만 젊었을 때 아주 예뻤다.
My **mom** used to be very pretty.
마이　맘　유즈 투 비 베리　프리티

moment
[móumənt] 모멘트　　명 순간

잠깐만 기다리시오.
Just wait a **moment**.
저스트 웨이트 어　모멘트

money
[mʌ́ni] 머니　　명 돈

난 돈이 필요하다.
I need some **money**.
아이 니드　썸　머니

monkey
[mʌ́ŋki] 멍키　　명 원숭이

요 장난꾸러기야!
You little **monkey**!
유　리틀　멍키

month
[mʌnθ] 먼쓰　　명 달, 개월

난 그를 한달 전에 만났다.
I met him a **month** ago.
아이 멧　힘 어　먼쓰　어고

mood
[mu:d] 무드　　명 기분, 심기

난 기분이 좋지 않다.
I'm not in a good **mood**.
아이엠 낫 인 어 굿　무드

moon

[muːn] 문　　**형** 달

보름달이 길을 환하게 했다.
A full moon lightened our path.
어 풀 문　　라이튼드　아워 패쓰

moral

[mɔ́(ː)rəl] 모랄　　**형** 도덕의, 윤리의, 도의의

그것은 도의적인 의무이다.
Those are moral duties.
도즈 아 모랄 듀티스

moreover

[mɔːróuvər] 모어오버　　**부** 게다가, 더욱이

그날은 추웠으며 게다가 비까지 오고 있었다.
The day was cold, and moreover it was raining.
더 데이 워즈 콜드 앤 모어오버 잇 워즈 레이닝

morning

[mɔ́ːrniŋ] 모닝　　**부** 아침, 오전

난 아침에 일찍 일어나는 것이 너무 싫다.
I hate waking up early in the morning.
아이 해이트 웨이킹 업 얼리 인 더 모닝

motel

[moutél] 모텔　　**명** 모텔

난 제인에게 전화하기 위해 모텔로 돌아갔다.
I went back to the motel to phone Jane.
아이 웬 백 투 더 모텔 투 폰 제인

mother

[mʌ́ðər] 마더　　**명** 어머니

그 수녀는 고아들에게 어머니와 같은 존재였다.
The nun was a mother to orphans.
더 넌 워즈 어 마더 투 올판

motion

[móuʃən] 모션　　**명** 운동, 움직임, 활동, 행동

그녀는 나더러 가까이 오라고 손짓했다.
She made a motion to me to approach her.
쉬 매이드 어 모션 투 미 투 어프로치 허

mountain

[máuntən] 마운틴　　**명** 산

난 산에 오르는 것을 좋아한다.
I like climbing the mountain.
아이 라이크 클라이밍 더 마운틴

mouth

[mauθ] 마우쓰　　**명** 입

좋은 약은 입에 쓰다.
Good medicine is bitter to the mouth.
굿 메디쓴 이즈 비터 투 더 마우쓰

move

[múːvi] 무브　　**명** 움직이다

손을 움직이지 마라.
Don't move your hand.
돈트 무브 유어 핸드

movie

[múːvi] 무비　　**명** 영화

그 무서운 영화나 보러 가자.
Let's go see that creepy movie.
렛츠 고 씨 댓 그리피 무비

Mr.

[místər] 미스터　　**명** ~씨, ~선생님

의장님.
Mr. Chairman.
미스터 체어맨

Mrs.

[mísiz] 미쎄쓰   명 ~씨 부인, ~선생님

안녕하세요, 크라운 부인.
Hello, Mrs. Crown.
헬로 미쎄쓰 크라운

much

[mʌtʃ] 마취   명 많은

나는 포도주를 그다지 마시지 않는다.
I don't drink much wine.
아이 돈트 드링크 마취 와인

mud

[mʌd] 머드   명 진흙, 진창

진흙에 넘어졌다.
I fell into mud.
아이 펠 인투 머드

multiply

[mʌ́ltəplài] 멀티플라이   동 증가시키다, 다양화시키다

당신은 독서로 자신을 풍부하게 해야한다.
You should multiply yourself with reading.
유 슈드 멀티플라이 유어셀프 위드 리딩

murder

[mə́:rdər] 머더   명 살인, 매우 위험한 일

그 시험은 지옥이었다.
That test was murder.
댓 테스트 워즈 머더

muscle

[mʌ́sl] 머쓸   명 근육 동 근육을 키우다

테니스를 하면 팔심이 강해진다.
Playing tennis will muscle your arms.
플레잉 테니스 윌 머슬 유어 암즈

music

[mjúːzik] 뮤직　　**명** 음악

그는 음악을 이해하지 못한다.
He has no music in himself.
히 해즈 노 뮤직 인 힘셀프

must

[mʌst] 머스트　　**조** ~해야 한다, ~임에 틀림없다

사람은 살기 위해 먹어야 한다.
We must eat to live.
위 머스트 잇 투 리브

mystery

[místəri] 미스터리　　**명** 비밀, 수수께끼

그것은 신비에 싸여 있다.
It is wrapped in mystery.
잇 이즈 뤱드 인 미스터리

Moon River(문강)

캐나다 온타리오 주 서중부에 있는 강.

강 이름은 오지브웨(Ojibwe) 언어로 '문즈지비(moonz-ziibi)'인데 '사슴강'이라는 뜻이다. 머스코카호(Lake Muskoka)의 발라만(Bala Bay)에서 흘러 패리사운드(Parry Sound) 남쪽 조지아만(Georgian Bay)으로 흘러 든다. 발라에서 문 급류(Moon Chute)까지의 지역과 문 급류에서 이 강과 분리되는 머스쿼시 강(Musquash River)은 1968년까지 공식적으로 머스코카강(Muskoka River)의 연장으로 여겼다.

English Korean

narrow
[nǽrou] 내로우 · 형 마음이 좁은, 폭이 좁은

대부분의 온도계는 좁은 관 안에 수은이 들어 있다.
Most thermometers contain mercury in a
모스트 떠모미터스 컨태인 머큐리 인 어
narrow tube.
내로우 튜브

nation
[néiʃən] 내이션 · 명 국민, 민족, 종족

그 국가는 그 군주를 몰락시켰다.
The nation put the skids under the tyrant.
더 내이션 풋 더 스키즈 언더 더 타이랜트

native
[néitiv] 내이티브 · 형 출생지의, 본래의

고국을 보고 싶어하는 그의 열망은 더욱 더 간절했다.
His longing to see his native country became
히즈 롱잉 투 씨 히즈 내이티브 컨트리 비캐임
stronger.
스트롱거

nature
[néitʃər] 내이쳐 · 명 자연, 자연 현상

자연의 섭리에 맡기자.
Let nature take its course.
렛 내이쳐 태이크 잇츠 코스

nearby
[níərbái] 니어바이 · 부 가까이로, 가까이에, 근처에

우리는 근처 오두막으로 피난했다.
We took shelter in a nearby cabin.
위 툭 셀터 인 어 니어바이 캐빈

nearly

[níərli] 니얼리   **부** 간신히, 가까스로

코미디언은 거의 한 시간 동안 우리를 웃음의 소용돌이 속으로 몰아 넣었다.
The comedian kept us in stitches for nearly an hour.
더 코미디안 켑트 어스 인 스티취스 포 니어리 언 하워

neat

[ni:t] 닛   **형** 산뜻한, 말쑥한, 조촐한

그는 자신이 살고 있는 부유한 동네의 멋진 집들을 돌아보곤 했다.
He would scan the neat houses in his affluent suburb.
히 우드 스캔 더 닛 하우지스 인 히즈 어플루언트 서버브

necessary

[nèsəséri] 네쎄써리   **형** 필요한, 없어서는 안 될

그런 식으로 허리띠 졸라 맬 필요가 있나?
Is it necessary to pinch pennies that way?
이즈 잇 네쎄써리 투 핀취 페니스 댓 웨이

neck

[nek] 넥   **명** 목

그녀는 긴 목을 가졌다.
She has a long neck.
쉬 해즈 어 롱 넥

need

[ni:d] 니드   **동** ~가 필요하다, ~을 필요로 하다

서두를 필요는 전혀 없었다.
There was no need to hasten.
데어 워즈 노 니드 투 헤이스튼

needle

[ní:dl] 니들   **명** 바늘

바늘귀를 꿴다.
The eye of a needle snaps off.
더 아이 오브 어 니들 스냅스 오프

negative

[négətiv] 네거티브 　형 부정의, 부정적인

그는 그 질문에 대한 부정적인 대답을 했다.
He gave a negative response to the question.
히 개이브 어 네거티브 리스판스 투 더 퀘스천

neglect

[niglékt] 니글렉트 　동 무시하다, 경시하다

다른 회원들의 희망을 무시했다.
He neglected the wishes of other members.
히 니글렉티드 더 위시스 오브 아더 멤버스

negotiate

[nigóuʃièit] 니고시애이트 　동 협정하다, 결정하다

정부의 정책은 비행기 납치범과의 타협을 강력하게 거부하는 것이다.
Government policy is to refuse to negotiate with hijackers to good effect.
가버먼트 폴리시 이즈 투 리퓨즈 투 니고시애이트 위드 하이재커스 투 굿 이펙트

neither

[ní:ðər] 니더, 나이더 　부 어느 …도 …아니다

어느 쪽 주장도 사실이 아니다.
Neither statement is true.
나이더 스테이트먼트 이즈 트루

nephew

[néfju:] 네퓨 　명 조카, 생질

그녀에게는 해군에 가 있는 조카가 있다.
She has a nephew in the navy.
쉬 해즈 어 네퓨 인 더 내이비

nest

[nest] 네스트 　명 보금자리, 둥우리, 아늑한 곳

새 둥지가 어디에 있지?
Where is the bird nest?
웨어 이즈 더 버드 네스트

net

[net] 넷   명 그물, 올가미, 함정, 계략

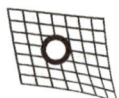

그는 헤딩슛을 성공시켰다.
The ball deflected off his forehead into the net.
더 볼 디플렉티드 오프 히즈 포해드 인투 더 넷

never

[névər] 네버   부 결코~않다

그는 하고자 마음먹은 일을 못한 적은 한 번도 없었다.
He never failed to do what he decided to do.
히 네버 페일드 투 두 왓 히 디싸이디드 투 두

nevertheless

[nèvərðəlés] 네버더레스   부 그럼에도 불구하고, 그렇지마는

사람들이 뭐라 말하더라도 그것은 진실이다.
No matter what people say, it is nevertheless
노 매터 왓 피플 새이 잇 이즈 네버더레스
the truth.
더 트루쓰

new

[nju:] 뉴   형 새로운

하늘 아래 새로운 것은 없다.
There is nothing new under the sky.
데어 이즈 낫띵 뉴 언더 더 스카이

news

[nju:z] 뉴스   명 소식

무슨 별다른 일이라도 있는가?
Is there any news?
이즈 데어 애니 뉴스

newspaper

[njú:zpèipər] 뉴스페이퍼   명 신문

신문지 위에 메모를 휘갈겨 썼다.
He scrawled some notes on the newspaper.
히 스크롤드 썸 노츠 온 더 뉴스페이퍼

next

[nekst] 넥스트

형 (to와 함께) ~의 옆에, 다음의

다음에 온 사람은 그였다.
He was the next person to come.
히 워즈 더 넥스트 펄슨 투 컴

nice

[nais] 나이스

형 좋은, 멋진, 친절한

이 약은 복용하기 좋다.
This medicine is nice to take.
디스 메디슨 이즈 나이스 투 테이크

niece

[niːs] 니스

명 조카딸

내 조카를 개인 교습하는 데 관심이 있습니까?
Would you be interested in tutoring my niece?
우드 유 비 인터레스티드 인 튜터링 마이 니스

night

[nait] 나이트

명 밤

밤 새 깨어있었다.
I stayed up all night.
아이 스테이드 업 올 나이트

no

[nou] 노

부 (대답에서) 아니오, 하나도 ~없는

아니, 그걸 원하지 않아.
No, I don't want that.
노 아이 돈트 원 댓

nobody

[nóubàdi] 노바디

대 아무도 …않다

내일 무엇이 일어날 것인지는 아무도 예측할 수 없다.
Nobody can foretell what will happen
노바디 캔 포어텔 왓 윌 해픈
tomorrow.
투마로

noise
[nɔiz] 노이즈　　　명 소음, 소리

주변 소음이 어느 방향에서 올지도 모른다.
Ambient noise may come from any direction.
엠비언트　노이즈　메이　컴　프럼　애니　디렉션

---

none
[nʌn] 넌　　　대 아무도 …않다

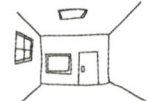

그 집은 아편 저장고에 지나지 않았다.
The house was none other than an opium den.
더　하우스　워즈　넌　아더　댄　언　오피움　덴

---

noon
[nu:n] 눈　　　명 정오, 한낮

정오 사이렌이 뚜하고 울린다.
The noon siren blows with a toot.
더　눈　사이렌　블로우즈　위드 어　툿

---

nor
[nər; nɔːr] 놀　　　접 …도 또한 …않다

그는 정체를 알 수 없다.
The man was neither fish nor fowl.
더　맨　워즈　나이더　피쉬　노　파울

---

normal
[nɔ́ːrməl] 놀말　　　형 표준의, 정규의

여름에 더운 날씨는 정상이다.
Hot weather is normal for the summer.
핫　웨더　이즈　노말　포　더　써머

---

north
[nɔːrθ] 노쓰　　　명 북쪽

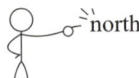

북쪽으로 가야 한다.
We have to go north.
위　해브　투　고　노쓰

northern

[nɔ́:rðərn] 놀던   형 북의, 북향의

그 관청은 북부 지방을 관할한다.
The office has jurisdiction over the northern
디 오피스 해즈 저리스딕션 오버 더 노던
district.
디스트릭트

nose

[nouz] 노즈   명 코 동 찾아내다

나의 개가 없어진 가방을 찾아냈다.
My dog nosed out my lost bag.
마이 도그 노즈드 아웃 마이 로스트 백

not

[nt] 낫   부 ~아니다

운전한다면 술을 마시면 안된다.
You must not drink if you drive.
유 머스트 낫 드링크 이프 유 드라이브

note

[nout] 노트   동 보다, 주목하다

그 상을 보십시오.
Please note the statue.
플리즈 노트 더 스태투

notice

[nóutis] 노티스   명 통지, 통보, 고지

그가 방으로 몰래 들어오는 것을 알아챘다.
I noticed him steal into the room.
아이 노티스드 힘 스틸 인투 더 룸

notion

[nóuʃən] 노션   명 관념, 생각, 개념

통설이란 그런 것이다.
Such is the common notion.
서취 이즈 더 코몬 노션

novel

[nάvəl] 노블   명 소설

이 미스터리 소설은 구성이 복잡하다.
The mystery novel has an intricate plot.
더 미스터리 노블 해즈 언 인트리케이트 플랏

---

now

[nau] 나우   부 지금, 현재

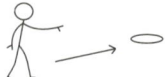

지금 당장 갑니다.
I'm coming now.
아이엠 커밍 나우

---

nuclear

[njú:kliər] 뉴클리어   형 핵의, 핵을 이루는

누구나 핵전쟁을 예상하면 공포에 떤다.
The prospect of nuclear war terrifies everyone.
더 프로스펙트 오브 뉴클리어 워 테러파이즈 에브리원

---

number

[nΛmbər] 넘버   명 수, 숫자

그들은 인원수가 많다.
Their number is great.
데어 넘버 이즈 그래이트

---

numerous

[njú:mərəs] 뉴머러스   형 다수의, 수많은

그에게는 수많은 업적이 있다.
He has numerous achievements to his credit.
히 해즈 뉴머러스 애치브먼츠 투 히즈 크레딧

---

nurse

[nə:rs] 너쓰   동 가꾸다 명 간호사

1년 동안 그 식물을 가꾸었다.
I nursed the plant along for a year.
아이 널쓰드 더 플랜트 얼롱 포 어 이어

nut

[nʌt] 넛 **명** 견과, 너트

뻰치로 너트를 단단히 죌 수 있다.
The monkey hammer is used to wring up the
더　멍키　해머　이즈 유즈드 투　륑　업　더
nut.
넛

N으로 시작하는 국가들

네팔(Nepal)

티베트어로 양모 시장을 뜻하는 말에서 유래된 것으로 추정된다.

네덜란드(Netherlands)

낮은 땅'을 뜻한다. 독일어의 니더란트(Niederland), 프랑스어의 빠에시 바(Pays Bas), 이탈리아어의 빠에시 바시(Paese Basi), 플랑드르(Flandre) 등은 모두 저지대(낮은땅)을 뜻하는 말이다.

뉴질랜드(New Zealand)

네덜란드의 지도 제작자가 부여한 이름인데, '새로운 바다 땅(new sea land)라는 뜻이다(네덜란드 어로는 'Zealand'). 해당 지역의 마오리족들은 아오테아로아 Aotearoa라 부르는데, 이 말은 '긴 흰구름의 땅'이라는 뜻이다.

English Korean

obey
[oubéi] 오베이   동 복종하다, 순종하다

명령은 엄중히 지켜지지 않으면 안된다.
The orders must be strictly obeyed.
디 오더스 머스트 비 스트릭틀리 오베이드

object
[ábdʒikt] 오브젝트   명 물건, 물체

이미 그는 인생에 아무런 목적이 없었다.
Now he had no object in life.
나우 히 해드 노 오브젝트 인 라이프

observe
[əbzə́ːrv] 오브저브   동 알다, 보다, 목격하다

난 그가 새파랗게 질린 것을 알았다.
I observed that he became very pale.
아이 오브저브드 댓 히 비캐임 베리 패일

obtain
[əbtéin] 오브태인   동 얻다, 손에 넣다, 획득하다

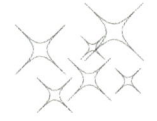

그 연구로써 그는 명성을 얻었다.
His work obtained him great fame.
히즈 워크 오브태인드 힘 그래이트 패임

obvious
[ábviəs] 아비어스   형 명백한, 분명한, 알기 쉬운

그가 거짓말을 하고 있음이 분명하다.
It is obvious that he is lying.
잇 이즈 아비어스 댓 히 이즈 라잉

218 English Graphics Grow-up Vocabulary

occasion

[əkéiʒən] 오케이션   명 경우, 때, 기회

그녀를 만나볼 기회가 몇 번 있었다.
I have had several occasions to see her.
아이 해브 해드 세버럴   오케이션 투 씨 허

occur

[əkə́ːr] 어커   동 일어나다, 생기다, 발생하다

그녀는 사건을 일어난 그대로 묘사했다.
She described the accident as it occurred.
쉬 디스크라이브드 디 액씨던트 애즈 잇 어커드

ocean

[óuʃən] 오션   명 대양, 해양

그 강은 태평양으로 흘러 들어간다.
The river discharges into the Pacific Ocean.
더 리버 디스차지스 인투 더 패씨픽 오션

o'clock

[ou klɑk] 오클락   부 ~시

4시 정각에 만나자.
Let's meet at four o'clock.
렛트 잇 엣 포 오클락

odd

[ɑd] 오드   형 이상한, 기묘한, 이상 야릇한

그 여자의 이름이 생각나지 않다니 이상해.
It's odd that I can't think of her name.
잇츠 오드 댓 아이 캔트 띵크 오브 허 내임

of

[əv] 오브   전 ~의, ~중에서, ~로 만든

아일랜드는 잉글랜드 서쪽에 있다.
Ireland lies west of England.
아릴랜드 라이즈 웨스트 오브 잉글랜드

off
[ɔ:f] 오프 — 전 (옷,신발 등을) 벗고, (전기,가스등을) 꺼 놓고

자네 코트 단추 하나가 떨어져 있다.
A button is off your coat.
어 버튼 이즈 오프 유어 코트

offend
[əfénd] 오펜드 — 동 성나게 하다, …의 감정을 상하게 하다

나는 그의 퉁명스러운 말에 기분이 상한다.
I am offended by his blunt speech.
아이 엠 오펜디드 바이 히즈 블런트 스피취

offer
[ɔ́(:)fər] 오퍼 — 동 제공하다, 제출하다

그는 나에게 담배를 권했다.
He offered me a cigarette.
히 오퍼드 미 어 씨가렛

office
[ɔ́(:)fis] 오피스 — 명 사무실

내가 사무실에 남아 있을게.
I will stay in the office.
아이 윌 스테이 인 디 오피스

official
[əfíʃəl] 오피샬 — 형 공무원, 관공리, 임원

그 공무원은 직무 태만으로 엄한 견책을 받았다
The official was sharply reprimanded for his
더 오피샬 워즈 샤플리   리프리맨디드   포 히즈
negligence.
네글리전스

often
[ɔ́(:)fən] 오픈 — 부 흔히, 자주

나는 그를 자주 방문한다.
I often visit him.
아이 오픈 비지트 힘

oh

[ou] 오   감 아, 아이구

어이, 빌!
Oh, Bill!
오 빌

oil

[ɔil] 오일   명 기름, 유화, 유화물감

대화는 주로 기름에 관한 것이었다
A great deal of the talk was about oil.
어 그레잇 딜 오브 더 톡 워즈 어바웃 오일

OK

[òukéi] 오케이   형 좋아요, 됐어요

난 괜찮아.
It's OK with me. 잇츠 오케이 위드 미

old

[ould] 올드   형 낡은, 오래된, (나이가) ~살인, 늙은, 나이든

그는 오래 전부터 나쁜 짓을 하고 있다.
He is old in crime.
히 이즈 올드 인 크라임

on

[ən] 온   전 ~위에

책상 위에 책이 있다.
There is a book on the desk.
데어 이즈 어 북 온 더 데스크

once

[wʌns] 원쓰   부 이전에, 옛날에, 한번, 일단~하고 나면

옛날에 한 거인이 있었다.
There was once a giant.
데어 워즈 원스 어 자이언트

한번 보면 바로 생각나는 영단어

open

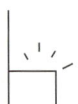

[óupən] 오픈   형 열려 있는

그 자리는 아직도 비어 있다.
The position is still open.
더   포지션   이즈 스틸   오픈

operate

[ápərèit] 오퍼레이트   동 움직이다, 일하다

이 기계는 주야로 움직인다.
This machine operates night and day.
디스   머신   오퍼레이츠   나이트 앤 데이

opinion

[əpínjən] 어피니언   명 의견, 견해, 판단, 평가

나는 그의 일을 그다지 높게 평가하지 않는다.
I have no great opinion of his work.
아이 해브 노 그래이트   어피니언 오브 히즈 워크

opportunity

[ὰpərtjúːnəti] 어포튜니티   명 기회

여행할 기회가 거의 없다.
I have little opportunity for making a trip.
아이 해브 리틀   어포튜니티   포 매이킹 어 트립

opposite

[ápəzit] 어포짓   형 반대편의, 맞은 편의

결과는 전혀 예상에 반하는 것이었다.
The result was opposite to what we expected.
더 리절트 워즈   어포짓   투 왓 위 익스펙티드

option

[ápʃən] 옵션   명 선택(권)

가고 안 가고는 우리 마음대로이다.
We have the option of going or not.
위 해브 디   옵션   오브 고잉 오 낫

or

[ər; ːr] 오 　접 또는, 혹은

당신이나 내가 선출될 것이다.
You or I will be elected.
유 오 아이 윌 비 일렉티드

orange

[ɔ́(ː)rindʒ] 오렌지 　명 오렌지

이게 노랑색, 빨간색, 아님 오랜지 색이야?
Is it yellow, red, or orange?
이즈 잇 옐로우 레드 오 오랜지

order

[ɔ́ːrdər] 올더 　명 순서, 차례, 명령, 훈령

그는 즉시 그것을 하도록 명령했다.
He gave orders that it should be done at once.
히 개이브 오더스 댓 잇 슈드 비 던 엣 원스

ordinary

[ɔ́ːrdənèri] 올디네리 　형 평상의, 보통의, 정규의

그는 무엇이든 별난 일은 싫었다.
He disliked anything that was out of the ordinary.
히 디스라익드 애니띵 댓 워즈 아웃 오브 디 올디네리

organ

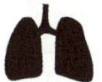

[ɔ́ːrgən] 올간 　명 장기, 조직, 오르간

오르간이 장중한 환영곡을 연주하였다.
The organ rolled out its stately welcome.
디 올간 롤드 아웃 잇트 스태이틀리 웰컴

organize

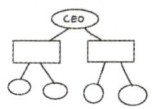

[ɔ́ːrgənàiz] 올가나이즈 　동 체계화하다, 정리하다

난 위원회를 조직했다.
I organized a committee.
아이 올가나이즈드 어 커미티

other
[ʌ́ðər] 아더   **형** 다른, 그 밖의

메리는 학급에서 그 누구보다도 키가 크다.
Mary is taller than any other girl in the class.
매리 이즈 톨러 댄 애니 아더 걸 인 더 클래스

otherwise
[ʌ́ðərwàiz] 아더와이즈   **부** 만약 그렇지 않으면

곧 떠나지 않으면 늦는다.
Start at once, otherwise you will be late.
스타트 엣 원스 아더와이즈 유 윌 비 래이트

ought
[ɔːt] 아우트   **조** …해야 하다, …할 의무가 있다

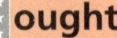

기침약을 드셔야겠어요.
You ought to get some cough syrup.
유 아우트 투 겟 썸 커프 씨럽

out
[aut] 아웃   **부** 밖에, 밖으로

아버지는 낚시하러 가셨습니다.
My father has gone out fishing.
마이 파더 해즈 건 아웃 피싱

outcome
[áutkʌm] 아웃컴   **명** 결과, 과정, 성과

그들은 이야기의 결과에 대해 내기하고 있다.
They are betting on the outcome of the story.
데이 아 베팅 온 디 아웃컴 오브 더 스토리

outline
[áutlàin] 아웃라인   **명** 윤곽, 외형, 초벌 그림

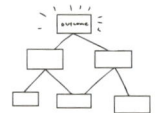

이런 기술들이 피라미드의 기초 작업에 사용되었다.
These skills were used to outline pyramid bases.
디즈 스킬즈 워 유스드 투 아웃라인 피라미드 베이시스

output

[áutpùt] 아웃풋   **명** 생산, 산출

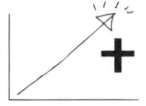

새로 만든 관개 시스템으로 농장의 수확이 3배나 늘었다.
The new irrigation system has tripled the farm's
더 뉴 이리개이션 시스템 해즈 트리플드 더 팜즈
output.
아웃풋

outstanding

[àutstǽndiŋ] 아웃스탠딩   **형** 눈에 띄는, 현저한

그녀는 두드러진 인물이다.
She is an outstanding figure.
쉬 이즈 언 아웃스탠딩 피겨

over

[óuvər] 오버   **전** ~위에, 끝난

강에 다리가 걸려 있다.
There is a bridge over the river.
데어 이즈어 브리지 오버 더 리버

overall

[òuvəró:l] 오벌올   **형** 전부의, 전체에 걸친

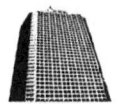

전체적으로 보아, 좋은 호텔이다.
Overall, it's a good hotel.
오벌올 잇츠 어 굿 호텔

overcome

[òuvərkʌ́m] 오버컴   **동** 이기다, 패배시키다

첫째 난관은 돌파했다.
We have managed to overcome the first obstacle.
위 해브 매니지드 투 오버컴 더 퍼스트 오브스티클

owe

[ou] 오   **동** 빚지고 있다, 지불할 의무가 있다

그녀는 식료품점에 5달러의 외상이 있다.
She owes the grocery five dollars.
쉬 오즈 더 그로서리 파이브 달러스

own [oun] 온 ⓗ 자기 자신의

이것은 내 소유의 집입니다.
This is my own house.
디스 이즈 마이 온 하우스

오프라 윈프리(Oprah Winfrey)의 성공비결

People of all backgrounds identify with her
갖가지 배경을 지닌 사람들이 모두 그녀와 자신들을 동일시합니다.

because she's never shied away from showing herself, warts and all.
그녀는 자신과 자신의 모든 결점들까지 다 드러내 보이는데 한번도 주저한 적이 없어서입니다.

They know she's made mistakes and she will make mistakes,
사람들은 그녀가 실수를 해왔고, 앞으로도 실수할 것이란 걸 압니다.

just like everybody else.
다른 모든 평범한 이들처럼 말이지요.

English Korean

pace
[peis] 페이스   명 걸음걸이, 걷는 속도, 발걸음

그 경관은 뒤지지 않고 도둑의 따라갔다.
The policeman stood the pace of the robbery.
더 폴리스맨 스투드 더 페이스 오브 더 러버리

package
[pǽkidʒ] 패키지   명 꾸러미, 소포, 작은 짐

그는 소포의 포장지를 잡아뜯었다.
He tore at the wrappings of the package.
히 토어 엣 더 훼핑스 오브 더 패키지

page
[peidʒ] 페이지   명 쪽

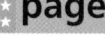

책의 30페이지를 펼치시오.
Open your books to page thirty.
오픈 유어 북스 투 페이지 써티

pain
[pein] 패인   명 아픔, 고통

그는 문체를 다듬는 데 무척 고심했다.
He took great pains to polish his style.
히 툭 그래잇 패인즈 투 폴리쉬 히즈 스타일

paint
[peint] 페인트   통 페인트를 칠하다, 그림 그리다

따뜻한 색상을 위해 오렌지색 페인트를 추가해라.
Add orange paint to get a warmer hue.
애드 오렌지 페인트 투 겟 어 워머 휴

한번 보면 바로 생각나는 영단어 **227**

pair

[pɛər] 페어　　**명** 한 쌍, 한 벌, 한 켤레

저 한 쌍은 최근 결혼을 했다.
That young pair are newly married.
댓　영　페어 아 뉼리　매리드

palace

[pǽlis] 팔래스　　**명** 궁전

리무진이 10분 후에 우리를 왕궁으로 데려다 주었다.
The limousine had us at the palace in ten minutes.
더　리무진　해드 어스 엣 더　팔래스　인 텐 미닛츠

pale

[peil] 패일　　**형** 창백한, 파리한, 핏기 없는

그의 얼굴은 토한 뒤에 창백했다.
His face was pale after he aired his belly.
히즈 패이스 워즈 패일 애프터 히 에어드 히즈 벨리

pants

[pænts] 팬츠　　**명** 바지

빨간 바지를 입은 그는 바보같이 보였다.
He looked foolish in his red pants.
히　룩드　풀리쉬 인 히즈 레드 팬츠

paper

[péipər] 페이퍼　　**명** 종이, 신문

오늘 신문 어디 있어?
Where is today's paper?
웨어 이즈 투데이즈 페이퍼

paragraph

[pǽrəgræf] 패러그래프　　**명** 단락, 패러그래프

마지막 단락이 마무리 되가요.
I'm just finishing the last paragraph now.
아이엠 저스트　피니싱　더 라스트 패러그래프　나우

228 English Graphics Grow-up Vocabulary

parallel

[pǽrəlèl] 패러렐　**형** 평행의, 나란한

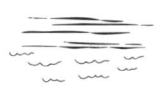

길은 강과 나란히 나 있다.
The road parallels the river.
더 로드 패러렐스 더 리버

pardon

[pá:rdn] 파든　**명** 용서, 허락 **동** ~를 용서하다, 봐주다

뭐라고 하셨죠?
I beg your pardon.
아이 베그 유   파든

parent

[pɛ́(:)ərənt] 패어런트　**명** 부모중의 어느 한편

우리 어머니는 홀어버이이다.
My mom is a single parent.
마이 암 이즈 어 씽글   패어런트

park

[pa:rk] 파크　**명** 공원, 유원지 **동** 두다

모자를 탁자 위에 두어라.
Park your hat on the table.
파크 유어 해트 온 더 테이블

part

[pa:rt] 파트　**명** 일부, 약간

그 이야기의 일부만이 사실이다.
Only part of the story is true.
온니 파트 오브 더 스토리 이즈 트루

particular

[pərtíkjələr] 파티큘러　**형** 특별한, 특수한, 특정한

문제의 그날 그는 늦게 귀가했다.
He came home late on that particular day.
히 캐임 홈 레이트 온 댓   파티큘러 데이

partner

[páːrtnər] 파트너 **명** 동료, 협력자

중국은 전략적인 동반자가 아니라 경쟁자입니다.
China is a competitor, not a strategic partner.
차이나 이즈 어 컴페티터 낫 어 스트래티직 파트너

party

[páːrti] 파티 **명** 파티, 모임

네 생일 파티가 일요일에 있다.
My birthday party is on Sunday.
마이 버쓰데이 파티 이즈 온 썬데이

pass

[pæs] 패쓰 **동** (시간이) 지나다, ~을 건네주다, 합격하다

경관은 집집마다 돌며 다녔다.
The policeman passed from house to house.
더 폴리스맨 패쓰드 프럼 하우스 투 하우스

passage

[pǽsidʒ] 패시지 **명** 한 구절, 통행, 통과

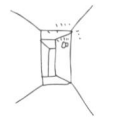

복도에 등불이 으슴푸레하게 비치고 있었다.
A light shone dimly in the passage.
어 라이트 숀 딤리 인 더 패시지

passenger

[pǽsəndʒər] 패선저 **명** 승객, 여객

타이타닉호는 1912년에 침몰한 여객선이었다.
The Titanic was a passenger ship which sank in
더 타이타닉 워즈 어 패선저 쉽 위치 생크 인
1912.
나인틴트웰브

path

[pæθ] 패스 **명** 작은 길, 오솔길

오솔길은 차츰 좁아져 숲 속으로 사라진다.
The path trails off into the woods.
더 패스 트레일즈 오브 인투 더 우즈

patient

[péiʃənt] 패이션트   **형** 끈기 있는

아이들에게는 성미 급하게 굴지 마시오.
Be patient with children.
비 패이션트 위드 칠드런

pause

[pɔːz] 파즈   **동** 중단하다, 도중에서 끊기다

그는 잠깐 멈추고 풍경을 바라보았다.
He paused to look at the view.
히 파즈드 투 룩 앳 더 뷰

pay

[pei] 패이   **동** 지불하다

넌 아직 나에게 돈을 갚아야 한다.
You still need to pay me back.
유 스틸 니드 투 패이 미 백

peace

[piːs] 피이쓰   **명** 평화

두 나라 사이에 강화 조약이 조인되었다.
Peace was signed between the two countries.
피이쓰 워즈 싸인드 비투윈 더 투 컨트리즈

pear

[pɛər] 패어   **명** 배

난 배가 싫다.
I don't like pears.
아이 돈트 라이크 패어스

pen

[pen] 펜   **명** 펜

그 펜 좀 빌릴게.
Let me borrow that pen.
렛 미 바로우 댓 팬

P

pencil
[pénsəl] 펜쓸 **명** 연필

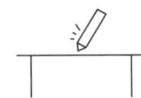

난 그녀의 책상 위에 연필 상자를 놔뒀습니다.
I've put the pencil box in her desk.
아이브 풋 더 펜쓸 박스 인 헐 데스크

people
[pí:pl] 피플 **명** 사람들

몇몇의 사람들은 그렇게 생각할 수 있다.
Some people may think so.
썸 피플 매이 띵크 쏘

perfect
[pə́:rfikt] 퍼펙트 **형** 완전한

날씨가 좋았다.
The weather was perfect.
더 웨더 워즈 퍼팩트

performance
[pərfɔ́:rməns] 퍼포먼스 **명** 실행, 수행, 상연, 연기

그의 공격으로 우리의 연주는 위태로웠다.
Our performance was compromised by his
아워 퍼포먼스 워즈 컴프로마이즈드 바이 히즈
attack.
어택

perhaps
[pərhǽps] 퍼햅스 **부** 아마, 어쩌면, 혹시

어쩌면 그것은 사실일지도 모른다.
Perhaps that's true.
퍼햅스 댓츠 트루

permanent
[pə́:rmənənt] 펄머넌트 **형** 영구적인, 불변의

이곳에 영원한 평화를 바라기란 불가능한 일이다.
There's no point hoping for a permanent peace
데어이즈 노 포인트 홉핑 포 어 퍼머넌트 피이스
in the area.
인 디 애어리아

permission

[pərmíʃən] 펄미션 **명** 허가, 허락, 인가

세무사가 환급금을 바로 통장에 이체시킬 수 있도록 허용하십시오.
Please give permission to the tax-practitioner to
플리즈 기브 퍼미션 투 더 택스-프랙티셔너 투
directly deposit the refund.
디렉트리 디파짓 더 리펀드

persuade

[pərswéid] 펄수애이드 **동** 설득하다

그는 그녀를 용서하도록 나를 설득했다.
He persuaded me to forgive her.
히 퍼수애이디드 미 투 포기브 허

piano

[piǽnou, pjǽn-] 피아노 **명** 피아노

피아노를 사고 싶다.
I want to buy a piano.
아이 원 투 바이 어 피아노

pick

[pik] 픽 **동** (꽃, 과일 따위를) 꺾다, 따다

이 꽃들은 쉽게 따진다.
These flowers pick easily
디즈 플라워즈 픽 이즐리

picnic

[píknik] 피크닉 **명** 소풍, 피크닉, 쉬운 일

이사하는 것은 쉬운 일이 아니다.
Moving house is no picnic.
무빙 하우스 이즈 노 피크닉

picture

[píktʃər] 픽처 **명** 그림, 사진

그 사진들을 좀 볼 수 있을까요?
May I look at those pictures?
메이 아이 룩 엣 도즈 픽처스

P

piece
[piːs] 피스   🔵 단편, 한 조각

피자 한 조각만 먹어도 되?
May I have a piece of pizza?
메이 아이 해브 어 피이스 오브 피자

---

pig
[pig] 피그   🔵 돼지

돼지같이 먹지 마라.
Don't eat like a pig.
돈트 잇 라이크 어 피그

---

pilot
[páilət] 파일럿   🔵 조종사

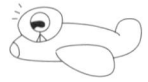

우리 아버지는 시험 비행 조종사이다.
My dad is a test pilot.
마이 대드 이즈 어 테스트 파일럿

---

pin
[pin] 핀   🔵 핀 🔶 꼼짝 못하게 누르다

그 어린이는 벽에 밀어 붙여졌다.
The child was pinned against the wall.
더 차일드 워즈 핀드 어겐스트 더 월

---

pine
[pain] 파인   🔵 솔, 소나무

이 숲에서는 소나무가 가장 많다.
Pine trees dominate the woods here.
파인 트리즈 도미내이트 더 우즈 히어

---

pink
[piŋk] 핑크   🔵 연분홍색, 핑크색

이 드레스가 핑크색도 있나요?
Do you have this dress in pink?
두 유 해브 디스 드레스 인 핑크

pipe

[paip] 파이프　　**명** 관, 파이프

그건 수도관이야.
That is the water pipe.
댓 이즈 더 워터 파이프

place
[pleis] 플래이스　　**명** 장소, 곳 **동** 임명되다

그는 공무원이 되었다.
He was placed in the government service.
히 워즈 플래이스드 인 더 가버먼트 서비스

plan

weekend
[plæn] 플랜　　**명** 계획

주말 계획이 뭐니?
What are your plans for the weekend?
왓 아 유어 플랜즈 포 더 위캔드

plane

[plein] 플래인　　**명** 비행기

그의 비행기는 지연되었다.
His plane was delayed.
히즈 플래인 워즈 딜레이드

plant
[plænt] 플랜트　　**명** 식물

난 식물이 좋다.
I love plants.
아이 러브 플랜츠

play

[plei] 플레이　　**동** 놀다, (운동 경기를)하다, 연주하다

난 드럼을 칠 줄 안다.
I can play the drums.
아이 캔 플레이 더 드럼즈

P

please
[pli:z] 플리즈
동 제발, 미안하지만, ~를 기쁘게 하다

미안하지만 부탁 좀 들어줄래?
Would you please do me a favor?
우드 유 플리즈 두 미 어 페이보

pleasure
[pléʒər] 플레져
명 즐거움, 유쾌

당신을 만나게 되어 대단히 기쁩니다.
It gives me great pleasure to meet you.
잇 깁스 미 그레이트 플레져 투 밋 유

pocket
[pákit] 포켓
명 호주머니

이 청바지에는 주머니가 많다.
These jeans have many pockets.
디즈 진스 해브 매니 포켓츠

point
[pɔint] 포인트
동 ~를 가리키다

병원에 가는 길을 좀 가리켜 주십시오.
Please point the way to the hospital.
플리즈 포인트 더 웨이 투 더 하스피탈

police
[pəlí:s] 폴리스
명 경찰

내 꿈은 경찰관이 되는 것이다.
My dream is to become a police officer.
마이 드림 이즈 투 비컴 어 폴리스 오피서

political
[pəlítikəl] 폴리티칼
형 정치의, 정치상의

오늘날의 학생은 정치에 관심이 많다.
Students today are political.
스튜던츠 투데이 아 폴리티칼

pool

[pu:l] 풀   명 수영장, 웅덩이

수영장갈래?
Do you want to go to the swimming pool?
두 유 원 투 고 투 더 스위밍 풀

---

poor

[puər] 푸어   형 가난한, 서투른

그는 영어가 서툴다.
He is poor at English.
히 이즈 푸어 엣 잉글리쉬

---

popular

[pápjələr] 팝퓰러   형 인기 있는, 평판이 좋은

그는 어린이들 사이에 인기가 있다.
He is popular with other children.
히 이즈 팝퓰러 위드 아더 칠드런

---

positive

[pázitiv] 파지티브   형 명확한, 확신하고 있는

그 일에 관해 틀림없습니까?
Are you positive about it?
아 유 파지티브 어바웃 잇

---

possess

[pəzés] 포제스   동 소유하다, 가지다

그는 용기가 있다.
He possesses courage.
히 포제시스 커래지

---

post

[poust] 포스트   동 붙이다 명 우편물

이 벽에 벽보를 붙이는 것은 금지되어 있다.
It is forbidden to post on this wall.
잇 이즈 포비든 투 포스트 온 디스 월

poster
[póustər] 포스터   명 전단 광고, 벽보

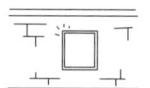

누가 우리 벽보 위에 자기 벽보를 붙였어.
Somebody put their poster on top of ours.
썸바디 풋 데어 포스터 온 탑 오브 아워스

---

potato
[pətéitou] 포테이토   명 감자

감자는 주로 전분으로 구성되어있다.
A potato consists mainly of starch.
어 포테이토 컨시스츠 메인리 오브 스타취

---

potential
[pəténʃəl] 포텐셜   명 잠재력

그 깡마른 소년은 위대한 선수가 될 잠재력을 지니고 있었다.
The skinny youngster had the potential to be
더 스키니 영스터 해드 더 포텐샬 투 비
a great player.
어 그래잇 플래이어

---

powerful
[páuərfəl] 파워풀   형 강한, 강력한

식민지 사람들은 강대국에 짓밟혀서 고달팠다.
Colony people tired under the hoof of the
콜로니 피플 타이어드 언더 더 후프 오브 더
powerful country.
파워풀 컨트리

---

practice
[præktis] 프렉티스   동 연습, 연습하다, 실천하다

그는 설교만 하지 그것을 실천하지 않는다.
He doesn't practice what he preaches.
히 더즌트 프렉티스 왓 히 프리치스

---

precise
[prisáis] 프리싸이즈   형 실제의, 실제적인

여자마법사들이 그의 정확한 이름을 부르자 그는 깜짝 놀랐다.
He was amazed when the witches hailed him
히 워즈 어매이즈드 웬 더 위치스 해일드 힘
with his precise name.
위드 히즈 프리싸이스 내임

predict

[pridíkt] 프레딕트 **동** 예언하다, 예보하다

일기 예보에 의하면 내일은 쾌청할 것이라고 한다.
The weather forecast predicts sunshine for tomorrow.
더 웨더 포캐스트 프레딕츠 선샤인 포 투마로

prefer

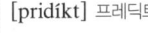

[prifə́:r] 프리퍼 **동** 오히려 …을 좋아하다

나는 가을보다 봄이 더 좋다.
I prefer spring to fall.
아이 프리퍼 스프링 투 폴

prepare

[pripέər] 프리패어 **동** 준비하다, 마련하다

그녀는 딸에게 여행 준비를 시켰다.
She prepared her daughter for the trip.
쉬 프리패어드 허 도터 포 더 트립

present

[prézənt] 프레센트 **형** 현재, 참석한, 출석한, 선물

나는 그 집회에 참석했다.
I was present at the meeting.
아이 워즈 프레센트 엣 더 미팅

pretend

[priténd] 프리텐드 **동** …인 체하다, 가장하다

그는 무관심한 체했다.
He pretended to be indifferent.
히 프리텐디드 투 비 인디프런트

pretty

[príti] 프리티 **형** 예쁜, 귀여운

그녀는 너무나 귀여운 소녀이다.
She is such a pretty girl.
쉬 이즈 서취 어 프리티 걸

prevent

[privént] 프리벤트   동 막다, 방해하다

눈 때문에 그는 외출할 수 없었다.
The snow prevented him from going out.
더 스토우 프리벤티드 힘 프럼 고잉 아웃

price

[prais] 프라이스   명 값, 가격, 대가

이것은 값이 얼마입니까?
What is the price of this?
왓 이즈 더 프라이스 오브 디스

print

[print] 프린트   동 인쇄, 인쇄하다, 발행하다, 프린트하다

이 필름을 인화해 주시오
Please print this roll of film.
플리즈 프린트 디스 롤 오브 필름

private

[práivit] 프라이배이트   형 사적인, 사사로운

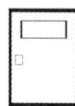

그는 이 방을 자기의 개인 전용으로 했다.
He consigned this room to his private use.
히 거사인드 디스 룸 투 히즈 프라이배이트 유즈

problem

[prábləm] 프라블럼   명 문제

네 문제가 뭔데?
What's your problem?
왓츠 유어 프라블럼

produce

[prádju:s] 프로듀스   동 생산하다, 산출하다

그 나무에는 큰 열매가 맺힌다.
The tree produces big fruit.
더 트리 프로듀시스 빅 프루트

product
[prάdəkt] 프로덕트 **명** 산출물, 생산품

3과 5의 곱은 15이다.
The product of 3 and 5 is 15.
더 프로덕트 오브 뜨리 앤드 파이브 이즈 피프틴

---

profit
[práfit] 프로핏 **명** 이익, 이득

불평한들 아무 득도 없다.
There is no profit in complaining.
데어 이즈 노 프로핏 인 컴플래이닝

---

promote
[prəmóut] 프로모트 **동** 진척시키다, 진행시키다

그는 장관으로 승진했다.
He was promoted minister.
히 워즈 프로모티드 미니스터

---

proof
[pru:f] 프루프 **명** 증명, 증거, 입증

그가 유죄라는 증거는 없다.
There is no proof that he is guilty.
데어 이즈 노 프루프 댓 히 이즈 길티

---

proper
[prάpər] 프로퍼 **형** 적절한, 알맞은

그는 그 일에 적임자다.
He is the proper person for the work.
히 이즈 더 프로퍼 퍼슨 포 더 워크

---

protect
[prətékt] 프로텍트 **동** 보호하다, 막다, 지키다

그들은 상선 적하를 보호하기 위하여 해군 함대를 보냈다.
They sent naval forces to protect merchant
데이 센트 내이벌 포시스 투 프로텍트 머챈트
shipping.
쉬핑

한번 보면 바로 생각나는 영단어 **241**

provide

[prəváid] 프로바이드   동 공급하다, 지급하다, 규정하다

규칙은 법률로 규정되어 있다.
The rules are provided in the law.
더 룰즈 아 프로바이디드 인 더 로

---

pull

[pul] 풀   동 ~을 끌다, 잡아당기다

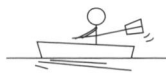

그는 노질을 잘한다.
He pulls a good oar.
히 풀즈 어 굿 오어

---

punish

[pʌ́niʃ] 퍼니쉬   동 벌하다, 응징하다

네 자신을 너무 학대하지 말아라.
You should stop punishing yourself.
유 슈드 스탑 퍼니싱 유어셀프

---

purchase

[pə́:rtʃəs] 펄채스   동 구입하다, 획득하다, 얻다

마침내 그들은 피를 흘려 자유를 획득했다.
At last they purchased freedom with blood.
엣 라스트 데이 펄채스드 프리덤 위드 블러드

---

purpose

[pə́:rpəs] 펄포스   명 목적, 의도, 용도

무슨 의도로 그렇게 할 건가?
For what purpose will you do it?
포 왓 펄포스 윌 유 두 잇

---

pursue

[pərsjú:] 펄수   동 쫓다, 추적하다, 몰다

그는 유명 인사들의 치부를 들춰내는데 주력하지 않는다.
Heat does not pursue the tawdry side of
힛 더즈 낫 펄수 더 타우드라이 사이드 오브
celebrities' lives.
셀레브리티스 라이브스

242 English Graphics Grow-up Vocabulary

push

[puʃ] 푸시   통 ~을 밀다

우리는 그를 방에서 밀어냈다.
We pushed him out of the room.
위 푸시드 힘 아웃 오브 더 룸

put

[put] 풋   통 ~을 놓다, 두다

연필을 내려놓으시오
Put your pencils down.
풋 유어 펜슬스 다운

지금은 Plastic surgery 열풍

보통 성형수술을 plastic surgery라고 많이들 하지요.
이것은 미용 성형수술을 포함한 일체의 성형수술을 말합니다. 초기에는 화재라든가 교통사고와 같은 불의의 사고나 질병으로 인해서 손상된 신체의 일부를 치료하기 위해서 피부나 뼈를 이식하는 의학적인 의미에서 시행이 되었습니다. 그러나 점점 미를 위해서 아름다움을 위해서 얼굴을 중심으로 외모를 바꾸고자 하는 경향이 강해지면서 cosmetic surgery 라고도 부르게 되었습니다. 따라서, "난 성형수술 좀 했어" 하면, I had a little cosmetic surgery.라고 할 수 있지요. 우리가 흔히 하는 쌍꺼풀을 영어로 하면, double eyelid 이고, She had her eyes done. 하면 "그 여자는 쌍꺼풀 수술했다" 라는 뜻 입니다.
다음에 nose job은 코를 세우는 수술을 뜻하는데, She had her nose done. 하면 " 그 여자는 코를 세웠다" 라는 뜻이 되지요. face - lift 는 "얼굴의 주름살 펴는 수술"이고, breast implant/breast enlargement surgery는 "가슴 확대수술", lipo - suction 은 "지방제거술" 이라고 합니다. 예를 들어 She got a face - lift. 라고 하면 "그녀는 주름살 펴는 수술을 했다" 라는 뜻이지요. 앞으로 이런 말 할 기회가 점점 더 많아질 세상이 올 것 같죠?

English Korean

quality
[kwáləti] 쿠알리티 **명** 특성, 특질, 특색

그 재료는 계약대로의 품질이 아니다.
The material is not of the stipulated quality.
더 매테리알 이즈 낫 오브 더 스티퓰래이티드 쿠알리티

quantity
[kwάntəti] 쿠안티티 **명** 분량, 수량

양보다 질을 택한다.
I prefer quality to quantity.
아이 프리퍼 쿠알리티 투 쿠안티티

quarter
[kwɔ́:rtər] 쿼터 **명** 4분의 1

글쓴이는 이번 분기의 판매에 대해 뭐라고 하는가?
How does the author characterize sales this
하우 더즈 디 아써 캐랙터라이즈 새일즈 디스
quarter?
쿼터

queen
[kwi:n] 퀸 **명** 왕비, 여왕

그녀는 영국의 여왕이다.
She is the Queen of England.
쉬 이즈 더 퀸 오브 잉글랜드

question
[kwéstʃən] 퀘스쳔 **명** 물음, 질문

질문 있어요.
I have a question.
아이 해브 어 퀘스쳔

quick
[kwik] 퀵 — 형 빠른

그는 눈깜박할 사이에 1마일을 달렸다.
He did a quick mile.
히 디드 어 퀵 마일

quiet
[kwáiət] 콰이어트 — 형 조용한, 고요한, 은근히

은근히 그를 꼬집어 주었다.
I had a quiet dig at him.
아이 해드 어 콰이어트 디그 엣 힘

quite
[kwait] 콰잇 — 부 아주, 완전히, 전적으로

완전히 끝났다.
It's quite finished.
잇츠 콰잇 피니쉬드

quote
[kwout] 쿠옷 — 동 인용하다

이 예가 중요한 것으로 인용되었다.
This instance was quoted as important.
디스 인스탄스 워즈 쿠오티드 애즈 임포턴트

English Korean

radio

[réidiòu] 래이디오 **명** 라디오

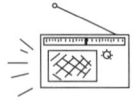

라디오 좀 꺼라.
Turn the radio off.
턴 더 래이디오 오프

rain

[rein] 레인 **동** 비, 비가 오다

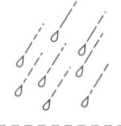

오늘 비가 올까?
Will it rain today?
윌 잇 레인 투데이

rainbow

[réinbòu] 레인보우 **명** 무지개

무지개 어두운 하늘을 거슬러 떠올랐다.
A rainbow rose against the dark sky.
어 레인보우 로즈 어겐스트 더 다크 스카이

raise

[reiz] 뢰이즈 **동** 올리다, 승진시키다

자네를 지배인으로 승진시켜 주겠다.
I'll raise you to manager.
아이윌 뢰이즈 유 투 매니저

rare

[rɛər] 뤠어 **형** 드문, 진기한, 희한한

오늘날 그 식물은 자연 서식지에서 찾아보기 힘들다.
Today the plant is rare in its natural habitat.
투데이 더 플랜트 이즈 뤠어 인 잇트 내추럴 해비탓

rather

[rǽðər] 뤄더   🔹부 오히려, 차라리

오히려 그 반대를 생각해야 한다.
The contrary is rather to be supposed.
더 콘트라리 이즈 롸더 투 비 서포즈드

reach

[ri:tʃ] 리치   🔹동 …에 도착하다

배가 해안에 닿았다.
The boat reached the shore.
더 보트 뤼치드 더 쇼어

react

[riǽkt] 뤼액트   🔹동 반작용하다, 반응하다

어떻게 반응해야 할 지 모르겠다.
I don't know how to react.
아이 돈트 노 하우 투 뤼액트

read

[ri:d] 리드   🔹동 읽다

그 책을 다 읽었습니까?
Have you read the book through?
해브 유 레드 더 북 뜨루

ready

[rédi] 레디   🔹형 준비된

준비 됐니?
Are you ready?
아 유 레디

real

[rí:əl] 릴   🔹형 진짜의, 정말의

정말로?
Are you for real?
아 유 포 릴

R

realize
[rí(:)əlàiz] 뤼라이즈　**동** 실감하다, 깨닫다

그는 그것이 얼마나 어려운가를 알았다.
He realized how difficult it was.
히 뤼얼라이즈드 하우 디피컬트 잇 워즈

reason
[ríːzən] 뤼즌　**명** 이유, 까닭

여기에 온 데는 그녀 나름의 이유가 있었다.
She had her own reasons for coming here.
쉬 해드 허 온 뤼즌스 포 커밍 히어

recent
[ríːsənt] 뤼쓴트　**형** 최근의, 근래의

최근 폭력배의 움직임이 심상치 않다.
The recent actions of the gangsters are
더 뤼쓴트 액션스 오브 더 갱스터스 아
disquieting.
디스콰이어팅

recognize
[rékəgnàiz] 뤠카그나이즈　**동** 인지하다, 알아보다

그는 졌다는 것을 인정하였다.
He recognized that he had been beaten.
히 뤼카그나이즈드 댓 히 해드 빈 비튼

recommend
[rèkəménd] 뤠코멘드　**동** 추천하다

그 일을 즉시 하도록 권합니다.
I recommend that the work be done at once.
아이 뤠코맨드 댓 더 워크 비 던 엣 원스

record
[rékərd] 리코드　**동** 기록, 기록하다

그의 연설은 테이프에 녹음되어 있다.
His speech has been recorded on tape.
히즈 스피치 해즈 빈 리코디드 온 테이프

red

[red] 레드 — **형** 빨간, 붉은색의

그는 화가 나서 빨개졌다.
He turned red with anger.
히 턴드 레드 위드 앵거

reduce

[ridjúːs] 뤼듀스 — **동** 줄이다, 감소시키다

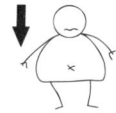

체중을 줄여야 한다.
I need to reduce my weight.
아이 니드 투 뤼듀스 마이 웨이트

refer

[rifə́ːr] 뤼퍼 — **동** 알아보도록 하다, 조회하다

비서에게 문의해 보라는 것이었다.
I was referred to the secretary for information.
아이 워즈 뤼퍼드 투 더 세크레테리 포 인포매이션

refuse

[réfjuːs] 뤼퓨즈 — **동** 거절하다, 사절하다, 사퇴하다

내가 내린 결정의 이유에 대해 논의하는 것은 일체 사절한다.
I refuse to discuss the whys and wherefores of my decision.
아이 뤼퓨즈 투 디스커스 더 와이즈 앤 웨어포스 오브 마이 디씨전

regret

[rigrét] 뤼그래트 — **명** 유감, 섭섭함, 서운함, 후회

그는 손실을 아깝게 여기지 않았다.
The loss entailed no regret on him.
더 로스 앤태일드 노 뤼그래트 온 힘

reject

[ridʒékt] 뤼젝트 — **동** 거절하다, 각하하다

난 그 제안을 거절했다.
I rejected the offer.
아이 뤼젝티드 디 오퍼

relate

[riléit] 릴래이트   **동** 관계시키다, 이야기하다, 말하다

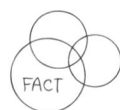

그 증거는 사실과 부합하지 않는다.
The evidence does not relate with the fact.
더 에비던스 더즈 낫 릴래이트 위드 더 팩트

---

release

[rilí:s] 릴리스   **동** 석방하다, 놓아주다

모두가 그의 석방에 벅찬 기쁨을 함께 나누었다.
Everyone joined in the exultation at his release.
에브리원 조인드 인 디 엑설테이션 엣 히즈 릴리스

---

relieve

[rilí:v] 릴리브   **동** 경감하다, 덜다

난 안도했다.
I was relieved.
아이 워즈 릴리브드

---

remain

[riméin] 뤼매인   **동** …대로이다, 여전히 …이다

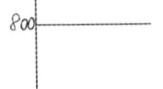

인구는 여전히 약 800명이다.
The population remains at around 800.
더 팝퓰래이션 뤼매인즈 엣 어라운드 에잇헌드레드

---

remember

[rimémbər] 리멤버   **동** 기억하다

그 편지를 잊지 말고 등기로 부쳐 주시오.
Remember to get the letter registered.
리멤버 투 겟 더 레터 레지스터드

---

remind

[rimáind] 뤼마인드   **동** 생각나게 하다, 상기시키다

그를 보니 그의 동생 생각이 난다.
He reminds me of his brother.
히 뤼마인즈 미 오브 히즈 브라더

repeat

[ripíːt] 리피트 **동** 되풀이하다, 반복하다

과거는 다시 경험할 수 없다.
You can't repeat the past.
유 캔트 리피트 더 패스트

replace

[ripléis] 뤼플래이스 **동** 제자리에 놓다, 대신하다

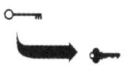

그들이 안전 개폐기를 언제 교체해 줄 수 있대요?
When can they replace the breaker box?
웬 캔 데이 뤼플래이스 더 브래이커 박스

reputation

[rèpjə(ː)téiʃən] 뤠퓨태이션 **명** 평판, 명성

그 실패는 그의 명성을 무로 만들었다.
The failure dwindled his reputation to nothing.
더 페일려 드완들드 히즈 뤠퓨태이션 투 낫띵

require

[rikwáiər] 뤼콰이어 **동** 필요로 하다, …할 필요가 있다

우리는 그것을 알 필요가 있다.
We require to know it.
위 뤼콰이어 투 노 잇

resist

[rizíst] 뤼지스트 **동** …에 저항하다, 참다, 삼가다, 억제하다

웃지 않고는 배길 수 없다.
I cannot resist laughing.
아이 캔낫 뤼지스트 래핑

resolve

[rizálv] 뤼졸브 **동** 결심하다

이 사실 때문에 그는 싸울 결심을 했다.
This fact resolved him to fight.
디스 팩트 뤼졸브드 힘 투 파이트

R

respect
[rispékt] 리스펙트 **명** 존경, 경의, 인사, 문안

어머님께 안부 전해주게.
Give my respects to your mother.
기브 마이 리스펙츠 투 유어 마더

---

respond
[rispánd] 리스폰드 **동** 대답하다, 반응하다

톰은 모욕을 당하고 격노했다.
Tom responded with rage to the insult.
톰 뤼스폰디드 위드 뤠이지 투 더 인썰트

---

rest
[rest] 레스트 **명** 휴식, 잠 **동** 쉬다, 휴식하다, 안심하다

이런 상황에서는 안심할 수 없다.
I cannot rest under these circumstances.
아이 캔낫 레스트 언더 디즈 썰컴스탄시스

---

restaurant
[réstərənt] 레스토랑 **명** 식당, 음식점

식당에 가서 먹자.
Let's go eat at a restaurant.
렛트 고 잇 엣 어 레스토랑

---

result
[rizʌ́lt] 뤼절트 **명** 결과

결과는 내 예상과 어긋나다.
The result was awry from my expectation.
더 뤼절트 워즈 어라이 프럼 마이 엑스펙태이션

---

retire
[ritáiər] 뤼타이어 **동** 퇴직하다, 은퇴하다

그 축구선수는 서른에 은퇴했다.
The soccer player retired to obscurity when he
더 싸커 플래이어 뤼타이어드 투 오브스큐리티 웬 히
was thirty.
워즈 써티

return

[ritə́ːrn] 뤼턴 ⑧ 되돌아가다, 돌아가다

빌려드린 책을 언제 돌려 주시겠습니까?
When will you return me the book I lent you?
웬 윌 유 뤼턴 미 더 북 아이 렌트 유

reveal

[rivíːl] 뤼빌 ⑧ 드러내다, 적발하다, 밝히다

내 비밀이 드러나고 말았다.
My secret was revealed.
마이 씨크릿 워즈 뤼빌드

ribbon

[ríbən] 리본 ⑨ 장식용 띠 ⑧ 끈 모양으로 되다

그 길은 북쪽으로 이어진다.
The road ribbons out northward.
더 로드 리본즈 아웃 노쓰워드

rice

[rais] 롸이스 ⑨ 쌀, 밥

밥 더 줄까?
Do you want more rice?
두 유 원트 모어 롸이스

rich

[ritʃ] 리치 ⑲ 돈 많은, 부자의

그녀는 부잣집 출신이다.
She is from a rich family.
쉬 이즈 프럼 어 리치 페밀리

ride

[raid] 라이드 ⑧ 타다, (자동차를)태워 주기

차 태워줄까?
Do you need a ride?
두 유 니드 어 라이드

한번 보면 바로 생각나는 영단어 **253**

R

right
[rait] 라이트   형 오른쪽, 옳은

저기서 우회전 하세요.
Turn right over there.
턴 라이트 오버 데어

ring
[riŋ] 링   명 반지 동 (종, 벨이)울리다, (종, 벨을)치다

귀가 울린다.
My ears ring.
마이 이어즈 링

risk
[risk] 리스크   명 위험(부담)

쉽게 돈을 버는 것은 항상 위험부담을 동반한다.
Riding the porcelain train always accompanies
라이딩 더 폴셀레인 트레인 올웨이즈 어컴패니스
risk.
리스크

river
[river] 리버   명 강

저 강의 물은 더럽다.
The water in that river is dirty.
더 워터 인 댓 리버 이즈 더티

road
[roud] 로드   명 길, 도로

이 길이 아닌 것 같다.
I don't think this is the right road.
아이 돈트 띵크 디스 이즈 더 라잇 로드

robot
[róubət] 로봇   명 로봇

소년의 로봇 장난감이 없어졌다.
The boy's robot toy went missing.
더 보이즈 로봇 토이 웬트 미싱

rock
[rɑk] 락   ⑲ 바위 ⑧ 흔들다

그녀는 아기를 살살 흔들어 재웠다.
She rocked her baby asleep.
쉬 락크드 허 베이비 어슬립

rocket
[rɑ́kit] 롸켓   ⑲ 로켓

또 다른 로켓이 우주를 향해 발사됐다.
Another rocket blasts off toward space.
어나더 롸켓 블라스츠 오프 토워드 스페이스

roll
[roul] 롤   ⑧ ~를 굴리다, 구르다

그는 몸을 흔들면서 걷는다.
He rolls in his walk.
히 롤즈 인 히즈 워크

roof
[ru(:)f] 루프   ⑲ 지붕

지붕을 수리해야 한다.
We have to fix the roof.
위 해브 투 픽스 더 루프

room
[ru(:)m] 룸   ⑲ 방

내 방에 들어가지 마라.
Don't go into my room.
돈트 고 인투 마이 룸

rose
[rouz] 로즈   ⑲ 장미

저 장미들은 참 빨갛다.
Those roses are so red.
도즈 로세즈 아 쏘 레드

rough

[rʌf] 러프   📘 거칠거칠한, 껄껄한

네 손은 참 거칠거칠하다.
Your hands are rough.
유어 핸즈 아 러프

---

round

[raund] 라운드   📘 둥근, 원형의

지구는 공 모양으로 둥글다.
The earth is round, like a ball.
더 얼쓰 이즈 라운드 라이크 어 볼

---

rude

[ru:d] 루드   📘 버릇없는

버릇없게 굴지 말아라.
Don't be rude.
돈트 비 루드

---

ruin

[rú(:)in] 루인   📗 파멸시키다, 황폐케 하다

만약 그가 저런 행동을 계속한다면 그의 장래는 망쳐질 것이다.
He will ruin his prospects if he keeps on acting
히 윌 루인 히즈 프로스펙츠 이프 히 킵스 온 액팅
like that.
라이크 댓

---

ruler

[rú:lər] 룰러   📙 자, 통치자

그는 강력한 통치자입니다.
He is a potent ruler.
히 이즈 어 포텐트 룰러

---

run

[rʌn] 런   📗 달리다, 작동하다, 움직이다

난 매일 달린다.
I run everyday.
아이 런 애브리 데이

English Korean

safety
[séifti] 쎄이프티   **명** 안전

건설현장에서 가장 중요한 것은 안전이다.
Safety is important in construction area.
쎄이프티 이스 임폴턴트 인 컨스트럭션 에어리아

salary
[sǽləri] 쎌러리   **명** 봉급

그의 한달 월급은 1500불이다.
His monthly salary is $1500.
히스 먼슬리 쎌러리 이스 피프틴헌드레드 달러스

same
[seim] 쎄임   **형** 같은 것, 같은, 똑같은

그와 나는 동갑이다.
He and I are the same age.
히 앤 아이 아 더 쎄임 에이쥐

sand
[sænd] 쌘드   **명** 모래

눈에 모래가 들어갔다.
I have sand in my eyes.
아이 해브 쌘드 인 마이 아이즈

satisfy
[sǽtisfài] 쎄티스파이   **동** 만족시키다, 채우다

그 결과는 나를 만족시키지 못했다.
The result did not satisfy me.
더 리절트 디드 낫 쎄티스파이 미

say

[sei] 쌔이 — 동 말하다

뭐라고?
Say what?
쌔이 왓

scale

[skeil] 스케일 — 명 비율, 규모, 눈금

이 지도의 축척은 크다.
This map is large scale.
디스 맵 이스 랄쥐 스케일

scene

[si:n] 씬 — 명 장면, 무대

나는 사고 장면을 보았다.
I saw the scene of an accident.
아이 쏘우 더 씬 오브 언 엑시던트

school

[sku:l] 스쿨 — 명 학교

학교는 내일부터 시작한다.
School opens tomorrow.
스쿨 오픈즈 투마로우

scissors

[sízərz] 씨져스 — 명 가위

가위의 목적은 자르는데 있다.
Scissors are for the purpose of cutting.
씨져스 아 포 더 퍼포스 오브 커팅

score

[skɔ:r] 스코어 — 명 점수, 득점 동 얻다

연극은 대성공이었다.
The play scored a great success.
더 플레이 스코어드 어 그레이트 썩쎄쓰

sea

[siː] 씨   몡 바다

바다에서 수영하고 싶다.
I want to swim in the sea.
아이 원 투 스윔 인 더 씨

search

[səːrtʃ] 썰취   동 찾다, 수색하다

경찰은 실종자 때문에 산을 수색했다.
The police searched the mountain for the
더 폴리스 썰취드 더 마운틴 폴 더
missing person.
미씽 펄슨

season

[síːzən] 씨즌   몡 계절

가을은 여행하기에 제일 좋은 계절이다.
Autumn is the best season to make a trip.
아툼 이즈 더 베스트 씨즌 투 매이크 어 트립

seat

[siːt] 씨트   몡 자리, 좌석

안전 벨트를 매라.
Fasten your seat belt.
패스튼 유어 씨트 벨트

secret

[síːkrit] 씨크렛   몡 비밀의, 은밀한

그는 비밀 통로를 알고 있다.
He knows a secret passage.
히 노우스 어 씨크렛 패세쥐

section

[sékʃən] 쎅션   몡 부분, 구역

나는 신문의 스포츠 부분이 좋다.
I like the sports section of the newspaper.
아이 라이크 더 스포츠 쎅션 오브 더 뉴스페이퍼

secure

[sikjúər] 씨큐얼 **형** 안전한, 튼튼한, 확실한

그는 돈을 안전하게 가지고 있는다.
He keeps the money secure.
히 킵스 더 머니 씨큐얼

see

[si:] 씨 **동** 보다

그렇군요.
I see.
아이 씨

select

[silékt] 썰렉트 **동** 고르다, 뽑다

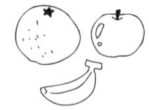

그는 가게에서 과일을 고르고 있다.
He is selecting fruits from the store.
히 이스 썰렉팅 프룻츠 프롬 더 스토얼

sell

[sel] 쎌 **동** ~을 팔다

그는 핸드폰을 판다.
He sells cell phones.
히 쎌즈 쎌 폰즈

send

[send] 센드 **동** ~을 보내다

고양이를 방에서 내몰아라.
Send the cat out of the room.
센드 더 캣 아웃 오브 더 룸

sensitive

[sénsətiv] 쎈시티브 **형** 민감한

그녀는 아주 민감한 여자이다.
She is a very sensitive girl.
쉬 이스 어 베리 쎈시티브 걸

separate

[sépərit] 쎄퍼레이츠   **동** 가르다, 분리하다

벽이 두 정원을 가른다.
The wall separates the two gardens.
더 월 쎄퍼레이츠 더 투 갈든

---

serious

[sí(:)əriəs] 씨리어스   **형** 진지한, 중대한

이것은 아주 중요한 문제이다.
This is a very serious problem.
디스 이스 어 베리 씨리어스 프라블럼

---

serve

[sə:rv] 썰브   **동** 섬기다, 봉사하다, 음식을 내다

아침식사는 아침9시까지 나왔다.
Breakfast is served until 9 a.m.
브렉퍼스트 이즈 썰브드 언틸 나인 에이엠.

---

service

[sə́:rvis] 서비스   **명** 손님 시중, 예배, 교통편, 군대

그는 군에 복무하고 있다.
He is in service.
히 이즈 인 서비스

---

set

[set] 셋   **동** ~을 두다, 놓다, 정하다, (해달이)지다, 세트

자명종을 맞췄니?
Did you set the alarm?
디드 유 셋 디 알람

---

settle

[sétl] 쎄틀   **동** 놓다, 자리를 잡다

그는 한국에 자리를 잡았다.
He settled in Korea.
히 쎄틀드 인 코리아

한번 보면 바로 생각나는 영단어 **261**

several

[sévərəl] 세브럴　　**형** 몇몇의

나는 한국에 몇번 가 본적이 있다.
I have been in Korea several times.
아이 헤브 빈 인 코리아 세브럴 타임스

shadow

[ʃǽdou] 쉐도우　　**명** 그림자

그는 나무그늘로 뛰어들어갔다.
He ran into the shadow of a tree.
히 렌 인투 더 쉐도우 오브 어 트리

shake

[ʃeik] 쉐이크　　**동** 흔들다, 흔들리다

그는 우유병을 흔들고 있다.
He is shaking a bottle of milk.
히 이스 쉐이킹 어 버틀 오브 밀크

shall

[ʃəl] 쉘　　**조** ~하겠다, ~할까요

춤을 출까요?
Shall we dance?
쉘 위 댄스

shallow

[ʃǽlou] 쉘로우　　**형** 얕은

물이 얕아서 바닥에 닿는다.
The water is so shallow I can touch the ground.
더 워털 이스 소 쉘로우 아이 켄 터치 더 그라운드

shame

[ʃeim] 쉐임　　**명** 부끄러움

그는 그가 한 일에 대해 부끄러움을 느끼지 않는다고 말했다.
He said he felt no shame for what he had done.
히 세드 히 펠트 노 쉐임 포 왓 히 해드 던

shape

[ʃeip] 쉐이프   명 모양, 모습

이탈리아는 장화 모양처럼 생겼다.
The shape of Italy is like boot.
더 쉐이프 오브 이틀리 이스 라이크 부츠

share

[ʃɛər] 쉐얼   동 분배하다, 함께 나누다

나는 네 명의 친구들과 함께 집을 함께 쓴다.
I share a house with four other friends.
아이 쉐얼 어 하우스 위드 폴 어덜 프렌즈

sharp

[ʃɑːrp] 샬프   형 날카로운, 가파른, 뚜렷한

그 칼의 날은 날카롭다.
The edge of this knife is sharp.
더 엣쥐 오브 디스 나이프 이스 샬프

she

[ʃiː] 쉬   대 그녀는, 그녀가

그녀는 아름답다.
She is beautiful.
쉬 이즈 뷰티풀

sheep

[ʃiːp] 쉽   명 양

양들은 너무 귀엽다.
Sheep are so cute.
쉽 아 소 큐트

sheet

[ʃiːt] 쉬트   명 종이, (침대의)시트

종이 한 장을 빌릴 수 있을까?
May I borrow a sheet of paper?
매이 아이 바로우 어 쉬트 오브 페이퍼

shelf

[ʃelf] 쉘프   명 선반

컵이 선반 위에 있다.
The cup is on the shelf.
더 컵 이스 언 더 쉘프

shell

[ʃel] 쉘   명 껍질, 조가비

그녀는 조가비 목걸이를 차고 있다.
She is wearing a shell necklace.
쉬 이스 웨어링 어 쉘 넥클레스

shelter

[ʃéltər] 쉘털   명 피난처, 방공호

지하철 역은 피난처로 사용할 수 있습니다.
A subway station can be used as shelter.
어 서브웨이 스테이션 캔 비 유스드 에스 쉘털

shift

[ʃift] 쉬프트   동 방향을 바꾸다, 물건을 이동시키다, 바뀌다

바람이 동풍으로 바뀌었다.
The wind shifted to the east.
더 윈드 쉬프티드 투 디 이스트

shine

[ʃain] 샤인   동 빛나다

태양이 환하게 빛난다.
The sun shines brightly.
더 선 샤인스 브라이틀리

ship

[ʃip] 쉽   명 배 동 운송하다

이 사과들은 운송이 쉽지 않다.
These apples don't ship well.
디즈 애플즈 돈트 쉽 웰

shirt
[ʃəːrt] 셔트   명 셔츠

그는 그의 흰 셔츠를 표백했다.
He bleached his white shirt.
히 블리치드 히스 와잇 셔트

shock
[ʃɑk] 샥크   명 충격 동 충격을 주다

그녀의 죽음은 충격이었다.
Her death came as a shock.
헐 뎃스 케임 에스어 샥크

shoe
[ʃuː] 슈   명 신발

내 신발 한 짝이 어디있지?
Where is my other shoe?
웨어 이즈 마이 아더 슈

shoot
[ʃuːt] 슛   동 쏘다, 발사하다, (카메라를)누르다, 건네다

소금을 건네 주시오.
Shoot the salt to me.
슛 더 솔트 투 미

shop
[ʃɑp] 샵   명 상점, 가게 동 장을 보다, 물건을 사다

이 가게는 원래 생산 판매하고 있다.
This shop sells native produce.
디스 샵 셀즈 내이티브 프로듀스

shore
[ʃɔːr] 숄   명 물가, 해안, 지주

그는 해안에 서 있다.
He is standing on the shore.
히 이스 스텐딩 언 더 숄

short

[ʃɔːrt] 쇼트

형 (길이, 거리, 시간이) 짧은, (키가) 작은

오늘은 하루가 짧은 것 같았다.
Today was a short day.
투데이 워즈 어 쇼트 데이

---

shoulder

[ʃóuldər] 쇼우더

명 어깨

그는 내 어깨를 두드렸다.
He tapped me on my shoulder.
히 탭드 미 온 마이 쇼우더

---

shout

[ʃaut] 샤우트

동 외치다, 소리지르다

네 목소리가 잘 들리기 때문에 소리지를 필요 없다.
You don't need to shout, I can hear you well.
유 돈트 니드 투 샤우트 아이 켄 히얼 유 웰

---

show

[ʃou] 쑈우

동 보여주다, 구경거리
명 쇼, 전시회

내가 보여줄게.
Let me show you.
렛 미 쑈우 유

---

shower

[ʃáuər] 샤월

명 샤워하기, 소나기

그는 샤워를 하고 있다.
He is in the shower.
히 이스 인 더 샤월

---

shut

[ʃʌt] 쎳

동 ~을 닫다, 잠그다

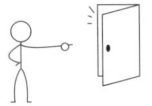

문을 닫아라.
Shut the door.
쎳 더 도어

sick
[sik] 씩   ⓗ 병든, 병난

난 일주일 내내 아팠다.
I was sick all week.
아이 워즈 씩 올 위크

side
[said] 싸이드   ⓜ 옆, 측면, 쪽

밝은 면을 보세요.
Look on the bright side.
룩 온 더 브라이트 싸이드

sight
[sait] 싸이트   ⓜ 시각, 시력, 조망

만약 당신의 시력이 좋지 않으면 안경을 써야 한다.
If your sight is poor, you should get glasses.
이프 유얼 싸이트 이스 풀 유 슈드 겟 글래시스

sign
[sain] 싸인   ⓜ 기호, 신호 ⓥ 서명하다

여기에 서명을 해 주세요.
Sign your name here, please.
싸인 유얼 네임 히얼 플리스

signal
[sígnəl] 씨그널   ⓜ 신호

라디오 신호가 끊겼어요.
I have lost the radio signal.
아이 헤브 로스트 더 레디오 씨그널

significant
[signífikənt] 씨그니피컨트   ⓗ 중요한, 의미 있는

그 일은 의미 있는 발전을 보여줬다.
The work has shown a significant improvement.
더 월크 헤스 숀 어 씨그니피칸트 임프루브멘트

silent

[sáilənt] 싸일런트 **형** 조용한

그 빈집은 완전히 조용했었다.
The empty house was completely silent.
디 엠티 하우스 워스 컴플리틀리 싸일런트

silk

[silk] 씰크 **명** 비단

그녀는 비단 드레스를 입고있다.
She is wearing a silk dress.
쉬 이스 웨어링 어 씰크 드레스

silver

[sílvər] 씰벌 **명** 은

그 숟가락은 은으로 만들어 졌다.
The spoon is made of silver.
더 스푼 이스 메이드 오브 씰벌

similar

[símələr] 씨믈럴 **형** 비슷한, 유사한

그의 의견은 내 것과 비슷하다.
His opinion is similar to mine.
히스 오피니언 이스 씨믈러 투 마인

simple

[símpl] 씸플 **형** 간단한, 단순한

나는 간단한 음식이 고급 요리보다 좋다.
I like simple food better than fancy dishes.
아이 라이크 씸플 푸드 베럴 덴 펜시 디쉬스

since

[sins] 씬스 **접** ~이래, ~한 때부터, 이후, 부터

휴가를 다녀온 뒤부터 나는 계속 바빴었다.
I have been very busy since I came back from
아이 헤브 빈 베리 비지 씬스 아이 케임 백 프롬
vacation.
베케이션

sincere
[sinsíər] 씬씨얼   형 성실한, 진실의

그녀의 약속은 진심이었다.
She was sincere about her promise.
쉬 워스 씬씨얼 어바웃 헐 프로미스

sing
[siŋ] 씽   동 노래하다

귀가 울린다.
My ears sing.
마이 이어스 씽

single
[síŋgl] 씽글   형 단 하나의, 혼자의

그는 그녀에게 하나의 빨간 장미를 보냈다.
He sent her a single red rose.
히 센트 헐 어 씽글 레드 로스

sink
[siŋk] 씽크   동 가라앉다, 침몰하다

배가 바다 아래로 가라앉았다.
The ship sank to the bottom of the sea.
더 쉽 쌩크 투 더 바틈 오브 더 씨

sir
[sər] 썰   명 님, 귀하, 선생님(남성에 대한 경칭), 여기

여봐 조용히 해!
Will you be quiet, sir!
윌 유 비 콰이어트 썰

sister
[sístər] 씨스터   명 여동생, 누나, 언니

난 두 명의 여동생이 있다.
I have two little sisters.
아이 해브 투 리틀 씨스터즈

sit

[sit] 씨트   동 앉다

저기에 앉아라.
Sit over there.
씨트 오버 데어

site

[sait] 싸이트   명 대지, 부지, 현장

이 대지가 새로운 쇼핑 센터로 선택 되었다.
This site has been chosen for the new shopping center.
디스 싸이트 헤스 빈 초슨 폴 더 뉴 샤핑 센털

situation

[sìtʃuéiʃən] 씨츄에이션   명 위치, 상태

여기는 야영하기에 좋은 곳이다.
Here is a good situation for a camp.
히얼 이스 어 굳 씨츄에이션 폴 어 캠프

size

[saiz] 사이즈   명 크기, 치수

치수가 어떻게 되시죠?
What size do you wear?
왓 사이즈 두 유 웨어

skate

[skeit] 스케이트   동 스케이트 타다

난 일요일마다 스케이트를 타러 간다.
I go for a skate every Sunday.
아이 고 포 어 스케이트 에브리 선데이

skill

[skil] 스킬   명 솜씨, 숙련, 기술

오늘날의 많은 직업들은 컴퓨터 기술을 필요로 한다.
Many jobs today require computer skill.
메니 잡스 투데이 리콰이얼 컴퓨터 스킬

skin
[skin] 스킨 **명** 피부, 가죽(껍질)

뱀은 일년에 한번 껍질을 벗는다.
The snake sheds its skin once a year.
더 스네이크 쉐즈 잇츠 스킨 원스 어 이얼

skirt
[skə:rt] 스커트 **명** 치마, 스커트

난 네 치마의 색깔이 좋다.
I like the color of your skirt.
아이 라이크 더 컬라 오브 유어 스커트

sky
[skai] 스카이 **명** 하늘

하늘이 참 파랗다.
The sky is so blue.
더 스카이이즈 쏘 블루

slave
[sleiv] 슬레이브 **명** 노예

그녀는 그의 친구를 노예처럼 다루었다.
She treated her friend like a slave.
쉬 트리티드 헐 프렌드 라이크 어 슬레이브

sleep
[sli:p] 슬립 **동** 잠을 자다, 숙박시키다

그 호텔은 300인의 숙박 설비가 있다.
The hotel sleeps three hundred guests.
더 호텔 슬립스 쓰리 헌드레드 게스츠

slide
[slaid] 슬라이드 **동** 미끄러지다

난 쉽게 나쁜 습관에 빠진다.
I easily slide into bad habits.
아이 이즐리 슬라이드 인투 배드 해빗츠

한번 보면 바로 생각나는 영단어 **271**

slight
[slait] 슬라이트 — 형 근소한

그 차의 피해는 적었다.
The car damage was slight.
더 칼 데미쥐 워스 슬라이트

slip
[slip] 슬립 — 동 미끄러지다, 미끄러지게 하다

펜이 내 손에서 미끄러져 떨어졌다.
The pen slipped off my hand.
더 펜 슬립드 오프 마이 핸드

slope
[sloup] 슬로프 — 명 경사, 비탈

언덕을 오르면서 경사가 급해진다.
The slope increases as you go up the hill.
더 슬로프 인크리시스 에스 유 고 업 더 힐

slow
[slou] 슬로우 — 형 느린

그녀는 도착이 늦어지고 있다.
She is slow in arriving.
쉬 이즈 슬로우 인 어라이빙

smell
[smel] 스멜 — 동 냄새나다

이상한 냄새가 난다.
It smells funny.
잇 스멜즈 퍼니

smile
[smail] 스마일 — 명 미소

그녀는 결코 웃지 않는다.
She never smiles.
쉬 네버 스마일즈

smoke

[smouk] 스모크 **명** 연기 **동** 담배 피우다

그 계획은 연기처럼 사라졌다.
The plan has ended in smoke.
더 플랜 헤즈 엔디드 인 스모크

smooth

[smu:ð] 스무스 **형** 매끄러운

그녀는 매우 매끄러운 피부를 갖고 있다.
She has very smooth skin.
쉬 헤스 베리 스무스 스킨

snow

[snou] 스노우 **동** 눈 **동** 눈이 내리다

먼지가 내 머리 위로 쏟아졌다.
Dust snowed on my head.
더스트 스노우드 온 마이 헤드

so

[sou; sə] 쏘 **부** 그렇게, 그와 같이, 몹시, 상당히

라켓을 이런 식으로 잡으시오, 이렇게 말이요.
Hold the racket so, like this.
홀드 더 라켓 쏘 라이크 디스

soap

[soup] 쏘프 **명** 비누

난 액체 비누가 더 좋다.
I prefer liquid soap.
아이 프리퍼 리퀴드 쏘프

soccer

[sákər] 싸커 **명** 축구

난 축구 팀의 주장이다.
I'm the team captain of the soccer team.
아이엠 더 팀 캡틴 오브 더 싸커 팀

society

[səsáiəti] 쏘싸이어티 **명** 사회, 모임

그녀는 한국 사회의 구성원입니다.
She is a member of Korean society.
쉬 이스 어 멤벌 오브 코리안 쏘싸이어티

sock

[sɑk] 싹 **명** 양말

양말 한 쪽을 잃어버렸다.
I lost my sock.
아이 로스트 마이 싹

soft

[sɔ(:)ft] 쏘프트 **형** 조용한, 차분한, 화창한, 따뜻한, 부드러운

그는 항상 조용한 어조로 이야기한다.
He always speaks in a soft tone.
히 올웨이즈 스픽스 인 어 소프트 톤

soil

[sɔil] 쏘일 **명** 흙, 땅

이곳의 땅은 메말랐다.
The soil here is very poor.
더 쏘일 히얼 이스 베리 풀

soldier

[sóuldʒər] 쏠절 **명** 육군, 군인

나의 아버지께서는 군인이셨다.
My father was a soldier.
마이 파덜 워스 어 쏠절

solid

[sálid] 쏠리드 **형** 고체의, 견고한, 단단한

그 호수는 단단하게 얼어있었다.
The lake was frozen solid.
더 레이크 워스 프로즌 쏠리드

solve
[sɑlv] 쏠브 **동** 풀다, 해결하다

너는 이 퍼즐을 풀지 못한다.
You can't solve this puzzle.
유 켄트 쏠브 디스 퍼즐

some
[sʌm] 썸 **형** 얼마간의, 약간의, 대략, ~쯤

차 한잔 하실래요?
Would you like some tea?
우드 유 라이크 썸 티

somebody
[sʌ́mbɑ̀di] 썸바디 **대** 어떤 사람, 누군가

그녀를 만나기 위해 저기에 누군가가 있다.
There is somebody waiting to see her.
데얼 이스 썸바디 웨이팅 투 씨 헐

somehow
[sʌ́mhàu] 썸하우 **부** 어떻게든지 해서, 웬일인지, 어쩐지

어쩐지 그를 믿을 수 없다.
Somehow I don't trust him.
썸하우 아이 돈트 트러스트 힘

somewhat
[sʌ́mhwɑ̀t] 썸왓 **부** 얼마간, 다소

나는 그녀를 보고 다소 놀랐었다.
I was somewhat surprised to see her.
아이 워스 썸왓 서프라이스드 투 씨 헐

somewhere
[sʌ́mhwɛ̀ər] 썸웨얼 **부** 어딘가에

우리 어디 따뜻한 곳에 가면 안될까?
Can we go somewhere warm?
켄 위 고 썸웨얼 웜

son

[sʌn] 썬　　**명** 아들

내 아들은 5살이다.
My son is five years old.
마이 썬 이즈 파이브 이어스 올드

song

[sɔ(:)ŋ] 쏭　　**명** 노래

난 그 노래가 좋다.
I love that song.
아이 러브 댓 쏭

soon

[su:n] 쑨　　**부** 곧, 머지않아

그는 곧 올 거야.
He will be here soon.
히 윌 비 히어 쑨

sore

[sɔːr] 소얼　　**형** 아픈, 슬픔에 잠긴

그 먼지들이 내 눈을 아프게 했다.
All the dust has made my eyes sore.
올 더 더스트 헤스 메이드 마이 아이스 소얼

sorry

[sɔ́(:)ri] 쏘리　　**형** 가엾은, 미안한, 죄송한

미안해요.
I'm sorry about that.
아이엠 쏘리 어바웃 댓

sort

[sɔːrt] 솔트　　**명** 종류

우리 둘은 같은 종류의 음악을 좋아한다.
We both like the same sort of music.
위 보스 라이크 더 세임 솔트 오브 뮤직

soul

[soul] 소울　　**명** 영혼, 정신

그녀는 깨끗한 영혼을 가지고 있다.
She has a snowy soul.
쉬 해스 어 스노위 소울

---

sound

[saund] 사운드　　**명** 소리, 음

아름다운 음악이다.
The music sounds sweet.
더 뮤직 사운즈 스위트

---

soup

[su:p] 수프　　**명** 수프

치킨 수프가 먹고 싶다.
I would like some chicken soup.
아이 우드 라이크 썸 치킨 수프

---

sour

[sauər] 싸월　　**형** 신, 시큼한

이 사탕은 약간 신맛이다.
This candy is a bit sour.
디스 캔디 이스 어 빗 싸월

---

source

[sɔːrs] 솔스　　**명** 원천, 근원

콩류는 좋은 단백질원이다.
Pulses are a good source of protein.
펄스 알 어 굳 솔스 오브 프로틴

---

south

[sauθ] 싸우쓰　　**명** 남쪽

여기서부턴 남쪽으로 가라.
You have to head south from here.
유 해브 투 헤드 싸우쓰 프럼 히어

space
[speis] 스페이스　　**명** 우주, 공간, 틈

로켓은 허공으로 사라졌다.
The rocket vanished into space.
더 로켓 베니쉬드 인투 스페이스

spade
[speid] 스페이드　　**명** 삽

그는 삽으로 흙을 파고 있다.
He is digging the soil with a spade.
히 이즈 디깅 더 소일 위드 어 스페이드

speak
[spi:k] 스피크　　**동** 말하다

행동은 말보다 더 분명히 의미를 전달한다.
Actions speak louder than words.
액션스 스피크 라우더 댄 워즈

special
[spéʃəl] 스페셜　　**형** 특별한, 전문의, 각별한

이 문을 열기 위해서는 특별한 열쇠가 필요하다.
I need a special key to unlock this door.
아이 인드 어 스페셜 키 투 언락 디스 도어

specific
[spisífik] 스퍼시픽　　**형** 명확한, 뚜렷한

당신의 명확한 목적은 무엇입니까?
What is your specific aim?
왓 이스 유얼 스퍼시픽 에임

speed
[spi:d] 스피드　　**명** 속도, 빠름

이 고속도로의 제한 속도는 70마일이다.
This highway speed limit is 70mph.
디스 하이웨이 스피드 리밋 이스 세븐티마일스퍼아월

278　English Graphics Grow-up Vocabulary

spell

[spel] 스펠   🅢 철자를 쓰다

A.P.P.L.E.

사과의 철자가 어떻게 되지요?
How do you spell 'apple'?
하우 두 유 스펠 애플

---

spend

[spend] 스펜드   🅢 (돈, 시간을) 쓰다, 소비하다

난 책 사는 데 많은 돈을 쓴다.
I spend a lot of money on books
아이 스펜드 어 랏 오브 머니 온 북스

---

spirit

[spírit] 스피릿트   🅝 정신, 영혼

따뜻한 아침 햇살이 우리 영혼에 힘을 주었다.
The warm morning sun lifted our spirits.
더 웜 모닝 썬 리프티드 아월 스피릿트

---

spite

[spait] 스파이트   🅝 악의, 앙심

나는 그에게 앙심을 품고 있다.
I have a spite against him.
아이 해브 어 스파이트 어게인스트 힘

---

split

[split] 스플릿   🅢 쪼개다, 분리시키다

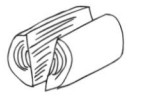

그가 통나무를 둘로 쪼개고 있다.
He is splitting a log into two.
히 이스 스플리팅 어 로그 인투 투

---

spoil

[spɔil] 스포일   🅢 망치다, 상하다, 못쓰게 되다

그 공원이 쓰레기로 인해서 못쓰게 되었다.
The park is spoiled by litter.
더 파크 이스 스포일드 바이 리털

spoon

[spuːn] 스푼　　**명** 숟가락

그는 숟가락을 깨끗이 핥았다.
He licked the spoon clean.
히 릭크드 더 스푼 클린

sport

[spɔːrt] 스포트　　**명** 운동

스키는 내가 가장 좋아하는 겨울 운동이다.
My favorite winter sport is skiing.
마이 페이보릿 윈터 스포트 이즈 스키잉

spot

[spɑt] 스팟　　**명** 반점, 장소

그의 등에는 검정색 반점이 있다.
He has a black spot on his back.
히 헤즈 어 블랙 스팟 언 히스 백

spread

[spred] 스프레드　　**동** 펴다, 덮다, 퍼지다

새가 날개를 편다.
The bird spread its wings.
더 벌드 스프레드 잇츠 윙스

spring

[spriŋ] 스프링　　**명** 봄

난 봄에 태어났다.
I was born in the spring.
아이 워즈 본 인 더 스프링

square

[skwɛər] 스퀘어　　**명** 정사각형, 제곱, 광장
동 계산하다

그에게 빚을 갚았다
I have squared accounts with him.
아이 해브 스퀘어드 어카운츠 위드 힘

stable
[stéibl] 스테이블   **형** 안정된

환자의 상태는 안정적입니다.
The patient's condition is stable.
더 페이션츠 컨디션 이스 스테이블

staff
[stæf] 스테프   **명** 직원

그는 병원의 의료진이다
He is medical staff in the hospital.
히 이스 메디칼 스테프 인 더 하스피탈

stage
[steidʒ] 스테이지   **명** 단계, 무대

그녀가 무대 위에서 춤을 추고 있다.
She is dancing on the stage.
쉬 이스 댄싱 언 더 스테이지

stain
[stein] 스테인   **명** 얼룩 **동** 더럽히다, 더러워지다

이 카펫은 쉽게 더러워진다.
This carpet stains easily.
디스 칼펫 스테인스 이슬리

stair
[stɛər] 스테어   **동** 계단

계단에서 미끄러졌다.
I slipped on the stairs.
아이 슬립드 온 더 스테어스

stamp
[stæmp] 스탬프   **명** 우표 **동** 마음에 새기다

그 광경은 나의 기억에 깊이 새겨져 있다.
The scene is stamped on my memory.
더 씬 이즈 스탬티드 온 마이 메모리

한번 보면 바로 생각나는 영단어 **281**

stand
[stænd] 스탠드 　 동 서다, 참다, 견디다

그는 몸이 너무 약해서 서 있을 수가 없었다.
He was too weak to stand.
히 워즈 투 위크 투 스탠드

standard
[stǽndərd] 스텐덜드 　 명 표준, 기준

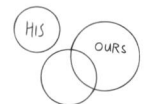

그의 제안은 우리의 기준에 맞지 않았다.
His suggestion did not come up to our
히스　 서제스천　 디드 낫 컴 업 투 아워
standards.
스텐덜드

star
[stɑ:r] 스타 　 명 별, 인기인, 유명인사, (호텔, 식당의) 등급 표시

내년에는 행운이 찾아올 거야.
Your star will rise next year.
유어 스타 윌 라이즈 넥스트 이어

start
[stɑ:rt] 스타트 　 동 출발하다, 떠나다, 시작하다

그는 여행을 떠났다.
He started on a journey.
히 스타티드 온 어 저니

state
[steit] 스테이트 　 동 상태, 진술하다, 공표하다

그 집의 상태는 끔찍했었다.
The house was in a terrible state.
더 하우스 워스 인 어 테러블 스테이트

station
[stéiʃən] 스테이션 　 명 정거장, 역

기차역이 어디입니까?
Where is the train station?
웨어 이즈 더 트레인 스테이션

status

[stéitəs] 스테이더스 **명** 지위, 신분, 상황

그는 사회적 신분이 낮다.
He has a low social status.
히 해스 어 로우 소시알 스테이더스

stay

[stei] 스테이 **동** 남다, 머무르다

내가 여기 남을게.
I will stay here.
아이 윌 스테이 히어

steady

[stédi] 스테디 **형** 확고한, 한결 같은, 견고한

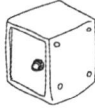

그는 꾸준한 진척을 만들고 있다.
He is making steady progress.
히 이스 메이킹 스테디 프로그레스

steam

[sti:m] 스팀 **명** 증기

이 보일러는 증기가 잘 나온다.
This boiler steams well.
디스 보일러 스팀스 웰

steel

[sti:l] 스틸 **명** 강철

그 틀은 강철로 만들어졌습니다.
The frame is made of steel.
더 프레임 이스 메이드 오브 스틸

steep

[sti:p] 스팁 **형** 가파른

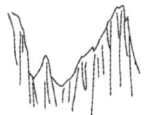

그 언덕은 너무 가파르다.
The hill is too steep.
더 힐 이스 투 스팁

stem

[stem] 스템　　**명** 줄기

담쟁이덩굴의 줄기는 굵다.
The stem of ivy is thick.
더　스템　오브 아이비 이스 띡

step

[step] 스텝　　**명** 걸음, 스텝

이쪽으로 오시오.
Please step this way.
플리즈　스텝　디스　웨이

stick

[stik] 스틱　　**명** 막대기

이 막대기를 써도 돼.
You can use this stick.
유　캔　유즈　디스　스틱

stiff

[stif] 스티프　　**형** 뻣뻣한, 딱딱한, 경직된

내 목이 경직되어 있다.
I have got a stiff neck.
아이 헤브　갓　어 스티프　넥

still

[stil] 스틸　　**부** 아직

나는 아직 배가 고프다.
I'm still hungry.
아임　스틸　헝그리

stock

[stɑk] 스탁　　**명** 재고품, 저장, 주식

그 모델은 재고품이 없습니다.
That model is out of stock.
댓　모델　이스 아웃 오브 스탁

stone
[stoun] 스톤   명 돌 형 아주

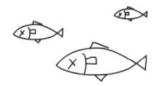

너의 물고기들이 완전 죽어있다.
Your fish are stone dead.
유어 피시 아 스톤 데드

stop
[stɑp] 스탑   동 멈추다 명 정류장

불평 좀 그만해.
Stop complaining.
스탑 컴플레이닝

store
[stɔːr] 스토어   명 가게, 상점, 동 ~을 저장하다, 쌓아 두다

가게에서 사올 것이 있니?
Do you need anything from the store?
두 유 니드 에니띵 프럼 더 스토어

storm
[stɔːrm] 스톰   명 폭풍우

폭풍우가 일어난다.
It storms.
잇 스톰즈

story
[stɔ́ːri] 스토리   명 이야기

당신에 대해 이야기해 주세요.
Tell me about your story.
텔 미 어바웃 유어 스토리

stove
[stouv] 스토브   명 난로, 화덕

난로 위의 물이 끓고 있다.
The water is heating on the stove.
더 워터 이즈 히팅 온 더 스토브

straight
[streit] 스트레이트 **형** 곧은, 똑바른, 곧장

런던으로 직행해주세요.
Go straight to London, please.
고 스트레이트 투 런던 플리즈

strange
[streindʒ] 스트레인지 **형** 이상한

여기는 처음 와 보는 곳이다.
I am quite strange here.
아이 엠 콰잇 스트레인지 히어

strategy
[strǽtidʒi] 스트레티지 **명** 전략, 전술, 병법

이것은 정부의 경제 전략이다.
It's the government's economic strategy.
잇츠 더 가벌멘츠 이코노믹 스트레티지

strawberry
[strɔ́:bèri] 스트로우베리 **명** 딸기

딸기잼을 다 먹었다.
All the strawberry jellies had been eaten.
올 더 스트로우베리 젤리스 해드 빈 이튼

stream
[stri:m] 스트림 **명** 시내, 개울, 흐름

그는 얕은 시내를 건너갔다.
He crossed the shallow stream.
히 크로스드 더 쉘로우 스트림

street
[stri:t] 스트리트 **명** 거리, 길

차도에서 놀아서는 안 된다.
Don't play in the street.
돈트 플레이 인 더 스트리트

strength

[streŋkθ] 스트렝스   명 힘, 세기, 지구력

그는 바위를 그의 온 힘을 다해 밀고 있다.
He is pushing against the rock with all his
히 이스 푸싱 어게인스트 더 락 위드 올 히스
strength.
스트렝스

---

stretch

[stretʃ] 스트레치   동 뻗치다, 잡아당기다

그는 그의 팔을 뻗고 있다.
He is stretching his arms.
히 이스 스트레칭 히스 암스

---

strict

[strikt] 스트릭트   형 엄한, 정확한

나의 선생님은 매우 엄하다.
My teacher is very strict.
마이 티처 이스 베리 스트릭트

---

strike

[straik] 스트라이크   동 ~을 치다, 때리다, ~을 두들기다 명 파업

그것은 공식적인 파업이었다.
It was an unofficial strike.
잇 워즈 언 언오피셜 스트라이크

---

string

[striŋ] 스트링   명 끈, 줄

그는 새 기타 줄을 샀다.
He bought a new guitar string.
히 보우트 어 뉴 기타 스트링

---

strip

[strip] 스트립   동 옷을 벗다

그는 옷을 벗고 샤워를 했다.
He stripped and took a shower.
히 스트립드 엔 툭 어 샤월

strong
[strɔ(:)ŋ] 스트롱 **형** 힘센, 강한, 단단한, 유능한

그는 그 고난을 견뎌낼 만큼 강했다.
He was strong to suffer the hardships.
히 워즈 스트롱 투 써퍼 더 하드쉽스

---

structure
[strʌ́ktʃər] 스트럭철 **명** 구조, 건물

이건 시에서 가장 오래된 벽돌 건물이다.
It's the oldest brick structure in the city.
잇츠 디 올디스트 브릭 스트럭철 인 더 씨티

---

struggle
[strʌ́gl] 스트러글 **명** 몸부림, 노력, 분투

그는 바닥 위에서 몸부림치고 있다.
He is struggling on the floor.
히 이스 스트러글링 언 더 플로어

---

student
[stjú:dənt] 스튜던트 **명** 학생

똑똑한 학생은 빨리 배운다.
A bright student learns quickly.
어 브라잇 스튜던트 런스 쿠익클리

---

study
[stʌ́di] 스터디 **동** 공부하다, 조사하다, 관찰하다

우리 모두 현명해지려고 애쓴다.
We all study to be wise.
위 올 스터디 투 비 와이즈

---

stuff
[stʌf] 스터프 **명** 재료, 물건

그는 그의 물건을 포장하고 있다.
He is packing his stuff.
히 이스 팩킹 히스 스터프

stupid
[stjú:pid] 스투피드 — 형 어리석은, 바보 같은

아무 바보 같은 짓을 하지 마라.
Don't do anything stupid.
돈트 두 애니띵 스투피드

subject
[sʌ́bdʒikt] 서브젝트 — 명 주제, 학과, 과목

우리 토론의 주제는 경제이다.
Our subject for discussion is economy.
아월 서브젝트 포 디스커션 이스 이코노미

submit
[səbmít] 서브밋트 — 동 복종시키다, 순종하게 하다, 제출하다

학생들을 숙제를 제출하도록 되어 있다.
Students are required to submit homework.
스튜던츠 알 리콰이얼드 투 서브밋트 홈월크

substance
[sʌ́bstəns] 섭스텐스 — 명 물질, 요지, 본질

그의 제안의 요지가 무엇이냐?
What is the substance of his proposal?
왓 이스 더 섭스텐스 오브 히스 프로포살

subway
[sʌ́bwèi] 서브웨이 — 명 지하철

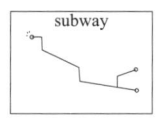

새 지하철이 개설되고 있다.
The new subway is being laid.
더 뉴 서브웨이 이즈 비잉 레이드

successful
[səksésfəl] 석세스풀 — 형 성공한

브로드웨이 에서의 연극은 매우 성공적이었다.
The play was very successful on Broadway.
더 플레이 워스 베리 석세스풀 언 브로드웨이

sudden
[sʌ́dən] 써든   형 갑작스러운

갑작스런 폭우가 길을 막았다.
A sudden cloudburst blocked the road.
어 써든 클라우드벌스트 블락디드 더 로드

suffer
[sʌ́fər] 써펄   동 앓다, 고통받다

그는 천식으로 고통 받는다.
He suffers from asthma.
히 써펄스 프롬 에스마

sufficient
[səfíʃənt] 서피션트   형 충분한

그는 겨울에 대비해 옷을 충분히 샀다.
He bought sufficient clothes for the winter.
히 보우트 서피션트 클로스 포 더 윈털

sugar
[ʃúgər] 슈가   명 설탕

홍차에 설탕을 얼마나 넣을까요?
How many sugars in your tea?
하우 매니 슈가스 인 유어 티

suggest
[səgdʒést] 써제스트   동 제안하다, 제시하다

그가 캠프에 관한 계획을 제안했다.
He suggested a plan for the camp.
히 서제스티드 어 플렌 포 더 캠프

suit
[sju:t] 쑷트   동 어울리다

이 모자는 어울리지 않다.
This hat doesn't suit me.
디스 햇 더슨트 쑷 미

290 English Graphics Grow-up Vocabulary

sum
[sʌm] 썸 **명** 총계, 합계

2 + 3 = 5

2와 3의 합은 5이다.
The sum of 2 and 3 is 5.
더 썸 오브 투 엔 쓰리 이스 파이브

summary
[sʌ́məri] 섬머리 **명** 개요, 요약

그 책 첫 번째 장에 간단한 개요가 있다.
There is a brief summary in the first page of the
데얼 이스 어 브리프 섬머리 인 더 펄스트 페이지 오브 더
book.
북

summer
[sʌ́mər] 써머 **명** 여름

난 여름에 특히 차가운 음료가 좋다.
I love cold drinks, especially in summer.
아이 러브 콜드 드링크스 이스페셜리 인 써머

sun
[sʌn] 썬 **명** 태양, 해

난 일광욕을 즐긴다.
I enjoy bathing in the sun.
아이 인조이 베이딩 인 더 썬

supermarket
[sjúːpərmɑ̀ːrkit] 슈퍼마켓 **명** 슈퍼마켓

지난 주에 다른 슈퍼마켓이 개장했다.
Another supermarket opened last week.
어나더 슈퍼마켓 오픈드 라스트 위크

supper
[sʌ́pər] 써퍼 **명** 저녁식사

오늘밤에 저녁식사하러 오실래요?
Would you like to come to supper tonight?
우드 유 라이크 투 컴 투 써퍼 투나잇

supply

[sΛpli] 서플라이   동 공급하다, 보충하다

물 공급이 불충분하다.
The supply of water is not enough.
더 서플라이 오브 워터 이스 낫 이너프

---

support

[səpɔ́ːrt] 서폴트   동 지지하다, 후원하다

그 회사는 그 축구팀을 후원할 것이다.
The company will support the soccer team.
더 컴패니 윌 서폴트 더 싸컬 팀

---

suppose

[səpóuz] 서포스   동 가정하다, 생각하다, 추측하다

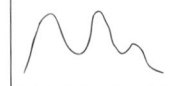

상황이 호전될 것이라고 난 생각한다.
I suppose that the situation will improve.
아이 서포스 댓 더 시츄에이션 윌 임프루브

---

sure

[ʃuər] 슈어   형 ~을 확신하는

열쇠를 어디에 두면 좋을지 모르겠다.
I am not sure where to put the key.
아이엠 낫 슈어 웨어 투 풋 더 키

---

surface

[sə́ːrfis] 설페스   명 표면

길 표면이 울퉁불퉁하다.
The surface of road is rough.
더 설페스 오브 로드 이스 러프

---

surprise

[sərpráiz] 서프라이즈   명 놀람, 놀라운 일 동 놀라게 하다, ~에 놀라다

그의 행위에 놀랐다.
His conduct surprised me.
히즈 컨덕트 서프라이즈드 미

surround
[səráund] 서라운드 **동** 둘러싸다, 애워싸다

아파트들이 그 학교를 애워싸고 있다.
The apartments surround the school.
디 아팔트먼츠 서라운드 더 스쿨

survey
[sə́:rvei] 설베이 **명** 조사, 측량

그는 시장 조사를 하고 있는 중이다.
He is doing a market survey.
히 이스 두잉 어 말켓 설베이

survive
[sərváiv] 설바이브 **동** 살아남다

식물들은 냉동실 안에서 살아남을 수 없다.
The plants cannot survive in a freezer.
더 플랜츠 켄낫 설바이브 인 어 프리절

suspect
[sʌ́spekt] 서스팩트 **명** 용의자 **동** 의심하다

경찰이 용의자를 체포했다.
The police arrested a suspect.
더 폴리스 어레스티드 어 서스팩트

suspend
[səspénd] 서스펜드 **동** 중지하다

그 일은 당분간 중지된다.
The work is suspended for the present.
더 월크 이스 서스펜디드 포 더 프래슨트

swallow
[swálou] 스왈로우 **동** 삼키다 **명** 제비

그는 알약을 삼키고 있다.
He is swallowing a pill.
히 이스 스왈로윙 어 필

swear

[swɛər] 스웨얼　　**동** 맹세하다, 단언하다

내가 다신 늦지 않을 것을 맹세한다.
I swear to God that I will never be late.
아이 스웨얼 투 갓 댓 아이 윌 네벌 비 레잇

sweater

[swétər] 스웨터　　**명** 스웨터

난 당신의 새 스웨터가 좋아요.
I adore your new sweater.
아이 어도어 유어 뉴 스웨터

sweep

[swi:p] 스윕　　**동** 청소하다, 쓸어 내리다

그는 낙엽을 쓸고 있다.
He is sweeping up the dead leaves.
히 이스 스윕핑 업 더 데드 리브스

sweet

[swi:t] 스윗트　　**동** 달콤한, 맛있는

좋은 냄새가 난다.
It smells sweet.
잇 스멜즈 스윗트

swim

[swim] 스윔　　**동** 헤엄치다, 수영하다

이 표시를 지나서 수영은 하는 것은 위험하다.
It is dangerous to swim beyond this mark.
잇 이즈 댄져러스 투 스윔 비욘드 디스 마크

swing

[swiŋ] 스윙　　**동** 흔들다, 휘두르다

그가 공을 향해 크게 팔을 휘둘렀다.
He took a wild swing at the ball.
히 툭 어 와일드 스윙 엣 더 볼

switch

[switʃ] 스위치

동 ~을 바꾸다, 잡아채다
명 스위치

컴퓨터 키려면 어느 스위치를 눌러야 하나요?
Which switch do I press to turn on the computer?
위치 스위치 두 아이 프레스 투 턴 온 더 컴퓨터

symbol

[símbəl] 심볼

명 상징, 기호

십자가는 기독교의 상징이다.
The cross is the symbol of Christianity.
더 크로스 이스 더 심볼 오브 크리스티아니티

sympathy

[símpəθi] 심페시

명 공감, 동정

나는 그녀에 대한 동정심은 없다.
I don't have much sympathy for her.
아이 돈트 헤브 머치 심페시 포 헐

system

[sístəm] 시스템

명 체계, 조직, 제도

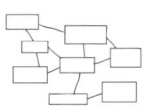

우리는 교육제도를 바꿀 필요가 있다.
We need to change an educational system.
위 니드 투 체인지 언 에듀케이셔날 시스템

English Korean

table
[téibl] 테이블   명 표, 목록, 식탁

식탁 치우는 것을 도와라.
Help clean up the table.
헬프 클린 업 더 테이블

tail
[teil] 테일   명 꼬리, 끝

개가 꼬리를 흔들고 있다.
The dog is wagging its tail.
더 도그 이스 웨깅 잇츠 테일

take
[teik] 테이크   동 가져가다, 데려가다, ~을 쥐다, ~을 먹다

버스를 타지 않을래?
Why don't we take the bus?
와이 돈트 위 테이크 더 버스

talk
[tɔ:k] 토크   동 말하다, 이야기하다

그는 말이 너무 많다.
He talks too much.
히 톡쓰 투 마취

tall
[tɔ:l] 톨   형 키가 큰

여자들은 키가 큰 남자들을 좋아한다.
Women like tall men.
위민 라이크 톨 멘

tap

[tæp] 텝   동 가볍게 두드리다

그는 벽에 못을 두드려 박는 중이다.
He is tapping a nail into a wall.
히 이스 텝핑 어 네일 인투 어 월

tape

[teip] 테이프   동 ~을 붙이다, 명 접착용 테이프, 녹음용 테이프

난 이 노래 테이프가 있다.
I have a tape of the song.
아이 해브 어 테이프 오브 더 쏭

target

[tá:rgit] 탈겟   명 과녁, 목표

그는 총을 쏘았지만 표적을 빗나갔다.
He fired but missed the target.
히 파이얼드 벗 미스드 더 탈겟

task

[tæsk] 테크스   명 일, 직무

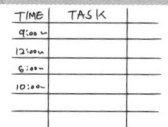

내 첫 번째 일은 네트워크 시스템을 설정하는 것이다.
My first task is to set up a network system.
마이 퍼스트 테스크 이스 투 셋 업 어 네트워크 시스템

taste

[teist] 테이스트   명 미각 동 맛보다

난 양파의 맛이 좋다.
I love the taste of onion.
아이 러브 더 테이스트 오브 언이언

tax

[tæks] 텍스   명 세금

3.3%

세금은 당신 월급에서 공제됩니다.
Tax is deducted from your salary.
텍스 이스 디덕티드 프롬 유얼 셀러리

taxi

[tǽksi] 택시   명 택시

난 택시에 너무 많은 돈을 쓴다.
I spend too much money on taxis.
아이 스펜드 투 마취 머니 온 택시스

tea

[ti:] 티   명 차, 홍차

난 차를 아주 많이 마신다.
I drink lots of tea.
아이 드링크 랏츠 오브 티

teach

[ti:tʃ] 티취   동 가르치다

난 영어를 가르칩니다.
I teach English.
아이 티취 잉글리쉬

team

[ti:m] 팀   명 조

누가 우리 조에 있나?
Who's on our team?
후즈 온 아워 팀

tear

[tiər] 티얼   명 눈물

그녀의 뺨으로 눈물이 한 방울 굴렀다.
A tear rolled down her cheek.
어 티얼 롤드 다운 헐 칙

tease

[ti:z] 티스   동 괴롭히다, 귀찮게하다

강아지 그만 괴롭혀.
Stop teasing the puppy.
스탑 티싱 더 퍼피

technique

[tekníːk] 테크닉 **명** 기법, 전문적인 능력

그의 피아노 기법은 독특하다.
His piano technique is unique.
히스 피아노   테크닉   이스 유니크

technology

[teknάlədʒi] 테크놀로지 **명** 과학 기술, 공학

그들은 자료를 계산할 수 있는 기술을 개발했다.
They developed a technology to calculate the
데이   디벨로프드   어   테크놀로지   투   칼큘레이트   더
data.
데이타

telephone

[téləfòun] 텔레폰 **명** 전화기

전화 좀 사용해도 될까요?
Can I use your telephone?
캔 아이 유즈 유어   텔레폰

television

[téləvìʒən] 텔레비전 **명** 티비

티비를 너무 많이 보지 마라.
Don't watch too much television.
돈트   워치   투   마치   텔레비전

tell

[tel] 텔 **동** 말하다, 이야기하다

진실을 말해줘.
Tell me the truth.
텔   미   더   트루쓰

temperature

[témpərətʃər] 템퍼러철 **명** 온도

물은 일정한 온도에서 끓는다.
Water boils at a certain temperature.
워터   보일스   엣 어   썰튼   템퍼러철

T

temple
[témpl] 템플　　**명** 사원, 신전

나는 올림피아에 있는 제우스 신전에 갔습니다.
I went to the temple of Zeus at Olympia.
아이 웬트 투 더　템플　오브 쥬스 엣 올림피아

temporary
[témpərèri] 템포러리　　**형** 일시적인, 임시의

그녀는 임시비서이다.
She is a temporary secretary.
쉬 이스 어　템포러리　세크레테리

tendency
[téndənsi] 텐덴씨　　**명** 경향, 성향

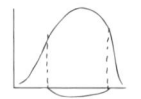

그는 취했을 때 말을 많이 하는 경향이 있다.
He has a tendency to talk too much when he is
히 헤스 어 텐덴씨 투 텉크 투 머취 웬 히 이스
drunk.
드렁크

tennis
[ténis] 테니스　　**명** 정구

그녀는 프로 테니스 선수이다.
She is a professional tennis player.
쉬 이즈 어 프로패셔널　테니스 플레이어

tension
[ténʃən] 텐션　　**명** 긴장

걷기는 긴장을 풀어주는데 좋다.
Walking is excellent for releasing tension.
워킹 이스 엑설런트 포　릴리싱　텐션

tent
[tent] 텐트　　**명** 텐트

내 텐트는 좋은 위치에 있었다.
My tent was in a good location.
마이 텐트 워스 인 어 굳　로케이션

term

[tə:rm] 텀 **명** 기간, 학기

나는 이번 학기 중에 끝내야 할 프로젝트가 있다.
I have the project to finish during this term.
아이 해브 더 프로젝트 투 피니쉬 듀어링 디스 텀

terrible

[térəbl] 테러블 **형** 무서운, 끔찍한

내 꿈은 끔찍했다.
My dream was terrible.
마이 드림 워스 테러블

test

[test] 테스트 **명** 시험

시험 잘 봤니?
How did you do on the test?
하우 디 쥬 두 온 더 테스트

than

[ðən] 댄 **접** ~보다

그는 그의 형보다 춤을 잘 춘다.
He dances better than his brother.
히 댄시스 베터 댄 히스 브라더

thank

[θæŋk] 땡크 **동** ~에게 고맙다고 하다

와주셔서 감사합니다.
Thank you for coming.
땡크 유 포 커밍

that

[ðət; ðæt] 댓 **대** 저것, 그것, 저~, 그~

그것은 내가 상관할 바가 아니다.
That is not my problem.
댓 이즈 낫 마이 프라블럼

T

the
[ðə] 더

관 그~, 저~, 유일한 사물.대상을 나타낼 때

그 보트는 우리 아버지의 것이다.
The boat is my dad's.
더 보트 이즈 마이 대드스

---

theme
[θi:m] 띰

명 주제

빛이 이번 년도 축제의 주제이다.
Light is the main theme of this year's festival.
라잇트 이스 더 메인 띰 오브 디스 이얼스 페스티발

---

then
[ðen] 덴

부 그때, 그 다음에

그 당시에는 물가가 쌌다.
Prices were lower then.
프라이시스 워 로워 덴

---

theory
[θí(:)əri] 띠어리

명 학설, 이론

나는 우주 폭발 기원론에 대해 공부해야 한다.
I need to study about the big bang theory.
아이 니드 투 스터디 어바웃 더 빅 뱅 띠어리

---

there
[ðɛər; ðər] 데어

부 그 곳에, 거기에, (be동사와 함께)~이 있다

나는 그곳에서 곧 일자리를 찾았다.
I soon found a job there.
아이 쑨 파운드 어 잡 데어

---

therefore
[ðέərfɔ:r] 데얼포얼

부 그러므로

그는 15살 이기 때문에 주류를 살 수 없다.
He's only 15 and therefore not able to buy
히스 온리 피프틴 엔드 데얼포얼 낫 에이블 투 바이
alcohol.
앨코홀

they

[ðei] 데이 **대** 그들, 그것들

그들은 내 친구들이다.
They are my friends.
데이 아 마이 프렌즈

thick

[θik] 띡 **형** 두꺼운, 굵은

그녀는 두꺼운 책을 가져왔다.
She brought a thick book.
쉬 브롯 어 띡 북

thief

[θi:f] 띠프 **명** 도둑

그 도둑은 담을 뛰어넘었다.
The thief jumped over a wall.
더 띠프 점프드 오버 어 월

thin

[θin] 띤 **형** 얇은, 가느다란, 마른

얇은 얼음이 호수 근처에 형성되었다.
A thin layer of ice is formed over the lake.
어 띤 레여 오프 아이스 이즈 폼드 오버 더 레이크

thing

[θiŋ] 띵 **명** 것, 물건, 사태

저기 있는 것이 무엇이냐?
What is that thing over there?
왓 이스 뎃 띵 오버 데어

think

[θiŋk] 띵크 **동** 생각하다

난 생각을 너무 많이 하는 경향이 있다.
I tend to think too much.
아이 텐드 투 띵크 투 마취

T

thirsty
[θə́:rsti] 떠스티   📐 목마른

운동 후 난 너무 목이 말랐다.
I was so thirsty after exercising.
아이 워즈 소 떠스티 에프터 엑써싸이징

this
[ðis] 디스   📐 이~, 이사람, 이것

이것은 그의 책상이다.
This is his desk.
디스 이즈 히즈 데스크

though
[ðou] 도우   📐 ~이지만, 비록 ~일지라도

그녀가 다음주에 오지만 며칠 날 오는지는 모른다.
She is coming in next week, though I don't
쉬 이스 커밍 인 넥스트 위크 도우 아이 돈트
know which day.
노우 위치 데이

thousand
[θáuzənd] 따우잰드   📐 천(1,000), 천의

1000 명이 탄원서에 서명했다.
A thousand people signed the petition.
어 따우잰드 피플 사인드 더 페티션

thread
[θred] 스레드   📐 실을 꿰다 📐 실

그녀는 컵 주위에 실을 휘감았다.
She twisted the thread around the cup.
쉬 트위스티드 더 스레드 어라운드 더 컵

threaten
[θrétən] 스레튼   📐 위협하다, 협박하다

그 테러리스트는 총으로 나를 위협했다.
The terrorist threatened me with a gun.
더 테러리스트 스레튼드 미 위드 어 건

throat

[θrout] 스로트   **명** 목구멍

생선 가시가 내 목구멍에 걸렸다.
A fish bone got stuck in my throat.
어 피쉬 본 갓 스턱 인 마이 스로트

through

[θru:] 스루   **전** ~을 통하여, ~을 지나서, 관통하여

한강은 서울을 관통해서 흐른다.
The Han River flows through Seoul.
더 한 리버 플로우스 스루 서울

throughout

[θru(:)áut] 스루아웃   **부** ~동안 내내

그 콘서트는 2시간 동안 계속됐고 우리는 내내 서있었어야 했다.
The concert lasted two hours and we had to
더 콘서트 라스티드 투 아월스 엔드 위 해드 투
stand throughout.
스탠드 스루아웃

throw

[θrou] 뜨로우   **동** 던지다, 내던지다

로프를 던져 주게.
Throw me a rope.
뜨로우 미 어 로프

thumb

[θʌm] 썸   **명** 엄지손가락

그의 엄지손가락이 부어 올랐다.
His thumb is swollen.
히스 썸 이스 스월른

thunder

[θʌ́ndər] 썬덜   **명** 우뢰, 천둥

머리 위에서 천둥이 우르르 울렸다.
The thunder rumbled overhead.
더 썬덜 럼블드 오버해드

T

ticket
[tíkit] 티켓   명 표, 티켓

나에게는 두 장의 공짜 영화 표가 있다.
I have two free tickets for a movie.
아이 해브 투 프리 티켓츠 포 어 무비

tidy
[táidi] 타이디   형 단정한, 말쑥한

그는 그의 차를 아주 깔끔하게 해 놓는다.
He keeps his car very tidy.
히 킵스 히스 카 베리 타이디

tie
[tai] 타이   동 ~을 묶다, 매다 명 넥타이

이 끈은 잘 매어지지 않는다.
This cord doesn't tie well.
디스 코드 더즌트 타이 웰

tiger
[táigər] 타이거   명 호랑이

호랑이의 털은 줄무늬이다.
A tiger has a striped coat.
어 타이거 해즈 어 스트라입드 코트

tight
[tait] 타이트   형 단단한, 꽉 끼는

이 신발들을 신기에는 너무 꽉 낀다.
These shoes are too tight to put on.
디즈 슈즈 알 투 타이트 투 풋 언

till
[til] 틸   전 ~할 때까지, ~까지

그는 열 시까지 오지 않았다.
He did not come till ten o'clock.
히 디드 낫 컴 틸 텐 어클락

time

[taim] 타임 **명** 시간, 시각, 곱하기

나으려면 시간이 좀 걸릴 거다.
It will take some time to heal.
잇 윌 테이크 썸 타임 투 힐

tiny

[táini] 타이니 **형** 작은

그림 위에 작은 점이 있다.
There is a tiny dot on the picture.
데얼 이스 어 타이니 닷 언 더 픽쳐

tired

[taiərd] 타이어드 **형** 피곤한, 지친, 싫증난, 질린

여행 때문에 너무 피곤하다.
I'm so tired from the trip.
아이엠 소 타이어드 프럼 더 트립

title

[táitl] 타이틀 **명** 직함, 제목

이 노래의 제목이 무엇인가요?
What is the title of this song?
왓 이스 더 타이틀 오브 디스 송

to

[tu:] 투 **전** ~에, ~로, ~에게

그가 어제 너에게 주었다.
He gave it to you yesterday.
히 게이브 잇 투 유 예스터데이

today

[tədéi] 투데이 **명** 오늘

오늘 뭐하니?
What are you doing today?
왓 아 유 두잉 투데이

T

together
[təgéðər] 투게더 **부** 함께, 같이

함께 점심 먹으러 갈래?
Do you want to go eat lunch together?
두 유 원 투 고 잇 런치 투게더

tomato
[təméitou] 토매이토 **명** 토마토

난 토마토 먹는 것을 싫어한다.
I don't like eating tomatoes.
아이 돈트 라이크 이팅 토매이토즈

tomorrow
[təmɔ́:rou] 투마로우 **명** 내일

내일 미팅이 있다.
The meeting is tomorrow.
더 미팅 이즈 투마로우

tongue
[tʌŋ] 텅 **명** 혀

그는 혀를 내밀었다.
He stuck out his tongue.
히 스턱 아웃 히스 텅

tonight
[tənáit] 투나잇 **명** 오늘 밤

오늘 밤에 할 숙제가 너무 많다.
I have so much homework to do tonight.
아이 해브 소 마치 홈워크 투 두 투나잇

too
[tu:] 투 **부** 또한, 역시, 너무, 지나치게

나도 놀이 공원을 좋아한다.
I like amusement parks too.
아이 라이크 어뮤즈먼트 팍스 투

tool

[tu:l] 툴   명 연장, 도구

이 도구는 자동차를 고치는데 유용하다.
This tool is handy for fixing cars.
디스 툴 이스 핸디 포 픽싱 칼스

tooth

[tu:θ] 투쓰   명 이, 치아

치통이 있다.
I have a toothache.
아이 해브 어 투쓰에이크

top

[tɑp] 탑   명 꼭대기, 한껏, 최고

그는 최고의 검사이다.
He is the top attorney.
히 이즈 더 탑 아터니

topic

[tápik] 토픽   명 주제, 논제

이야기의 주요 주제는 사랑이었다.
The main topic of conversation was love.
더 메인 토픽 오브 컨벌세이션 워스 러브

total

[tóutl] 토틀   형 전체의, 합계의

이 반의 전체 학생 수는 20명이다.
The total number of students in this class is twenty.
더 토틀 넘버 오브 스튜던츠 인 디스 클래스 이스 트웬티

touch

[tʌtʃ] 터치   동 (손으로)만지다, ~에 대다

진열품에 손을 대지 마세요
Don't touch the exhibits.
돈 터치 디 이그지빗츠

한번 보면 바로 생각나는 영단어 **309**

T

tough
[tʌf] 터프 **형** 질긴, 튼튼한, 강인한

이 판자는 튼튼한 플라스틱으로 만들어졌다.
This board is made from tough plastic.
디스 보드 이스 메이드 프롬 터프 플라스틱

---

tour
[tuər] 투어 **명** 여행

그는 여행 가이드이다.
He is a tour guide.
히 이스 어 투어 가이드

---

toward
[tɔːrd] 투월드 **전** ~쪽으로, ~편에

그는 북쪽으로 걸어가고 있다.
He is walking toward the north.
히 이스 워킹 투월드 더 노스

---

tower
[táuər] 타워 **명** 탑

피사의 탑은 한쪽으로 기울고 있다.
The Tower of Pisa is leaning to one side.
더 타워 오브 피사 이스 리닝 투 원 사이드

---

town
[taun] 타운 **명** 소도시

나는 작은 도시 출신이다.
I'm from a small town.
아이엠 프럼 어 스몰 타운

---

toy
[tɔi] 토이 **명** 장난감

난 내 조카를 위해 새 장난감을 샀다.
I bought a new toy for my nephew.
아이 밧 어 뉴 토이 포 마이 네퓨

track

[træk] 트랙   명 궤도, 흔적, 진로

경찰이 진흙에서 타이어 자국을 찾았다.
Police found tire tracks in the mud.
폴리스 파운드 타이어 트랙스 인 더 머드

trade

[treid] 트레이드   명 무역 동 교환하다

그는 mp3플레이어를 핸드폰으로 교환했다.
He traded an mp3player for a cell phone.
히 트레이디드 언 엠피쓰리 플레이어 포 어 셀 폰

tradition

[trədíʃən] 트레디션   명 전통, 관습

가족의 전통을 지켜라.
Keep your family tradition.
킵 유얼 패밀리 트레디션

train

[trein] 트레인   명 기차

난 이 곳에 기차를 타고 왔다.
I took the train to come here.
아이 툭 더 트레인 투 컴 히어

transfer

[trǽnsfər] 트렌스펄   동 옮기다, 이동하다

나는 돈을 송금하기 위해 은행에 가야 해.
I have to go to the bank to transfer the money.
아이 해브 투 고 투 더 뱅크 투 트렌스펄 더 머니

travel

[trǽvəl] 트레블   동 여행하다

내 꿈은 세계 여행을 하는 것이다.
My dream is to travel the world.
마이 드림 이즈 투 트레블 더 월드

treat
[tri:t] 트리트   **동** 대우하다, 다루다, 처리하다

나의 부모님은 아직도 나를 어린아이 취급하신다.
My parents still treat me like a child.
마이 페어런츠 스틸 트리트 미 라이크 어 차일드

---

tree
[tri:] 트리   **명** 나무

나는 나무에 오르는 것을 좋아한다.
I like climbing the trees.
아이 라이크 클라이밍 더 트리즈

---

trend
[trend] 트렌드   **명** 경향, 방향, 유행

패션 유행은 뉴욕에서부터 시작된다.
The trend of fashion starts from New York.
더 트렌드 오브 패션 스탈츠 프롬 뉴욕

---

trick
[trik] 트릭   **명** 계교, 속임수

그 속임수는 너무 쉽게 풀렸다.
The trick was too easy to solve.
더 트릭 워즈 투 이지 투 솔브

---

trip
[trip] 트립   **명** 여행

난 친구들과 바다 여행을 갔다 왔다.
I went on a beach trip with friends.
아이 웬트 온 어 비치 트립 위드 프렌즈

---

trouble
[trʌ́bl] 트러블   **명** 문제점

네 차의 문제점은 연료를 너무 많이 쓴다는 것 이다.
The trouble with your car is that it would take
더 트러블 위드 유얼 카 이스 댓 잇 우드 테이크
too much gas.
투 머치 개스

312 English Graphics Grow-up Vocabulary

truck

[trʌk] 트럭 **명** 트럭

우리 아버지께서는 큰 트럭을 운전하신다.
My dad drives a huge truck.
마이 대드 드라이브스 어 휴즈 트럭

true

[truː] 트루 **형** 진실의, 정말인

이 영화는 실화를 바탕으로 한다.
The movie is based on a true story.
더 무비 이즈 베이스드 온 어 트루 스토리

trust

[trʌst] 트러스트 **명** 신임, 믿음

나는 네가 약속을 지킬 것으로 믿는다.
I trust that you will keep your word.
아이 트러스트 댓 유 윌 킵 유얼 워드

truth

[truːθ] 트루스 **명** 진실, 진리

나는 당신에게 진실을 말하고 있습니다.
I'm telling you the truth.
아이엠 텔링 유 더 트루스

try

[trai] 트라이 **동** ~을 해보다, 시도하다, 노력하다

최선을 다하겠습니다.
I will try my best.
아이 윌 트라이 마이 베스트

tube

[tjuːb] 튜브 **명** 관, 통, 튜브

그 치약 튜브를 짜 보아라.
Try to squeeze the tube of toothpaste.
트라이 투 스퀴즈 더 튜브 오브 투스페이스트

T

tulip
[tjú:lip] 튤립   명 튤립

내 여동생은 튤립을 좋아한다.
My sister likes the tulips.
마이 시스터 라익스 더 튤립스

tune
[tju:n] 튠   동 조율하다, 조정하다

그는 기타를 조율하고 있다.
He is tuning a guitar.
히 이스 튜닝 어 기타

turn
[tə:rn] 턴   동 돌다, ~을 돌리다

불 좀 켜줄래?
Can you turn the lights on?
캔 유 턴 더 라이츠 온

twice
[twais] 투와이스   부 두 번, 2회

난 그곳에 두 번 가봤다.
I have been there twice.
아이 해브 빈 데어 투와이스

twist
[twist] 트위스트   동 꼬다, 비틀다

그 밧줄은 꼬인 부분이 있다.
The rope has a twist in it.
더 로프 해스 어 트위스트 인 잇

type
[taip] 타입   명 종류, 전형

그녀는 어떤 종류의 옷을 입지?
What type of clothes does she wear?
왓 타입 오브 클로스 더스 쉬 웨얼

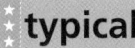

typical

[típikəl] 티피칼   · 형 전형적인

그는 전형적인 사업가 이다.
He is a typical businessman.
히 이스 어 티피칼   비즈니스맨

그리스 로마 신화로 알아보는 T

1. 터미널(terminal)
철도의 끝에 있는 역 등. 어떤 것의 끝에 있는 것.
로마 신화에서 끝의 신인 터미누스(Terminus)의 이름에서 유래. 로마인들은 자기 땅의 끝에 '터미누스'를 세우곤 했다.
'기간, 계약 조건'(term)이라는 말 역시 일정 기간의 시간, 또는 어떤 일을 끝낼 수 있게 해 주는 조건을 뜻한다. 예컨대 미국 대학에서 한 학기를 'term'이라 부른다.

2. 거대한(titanic: 타이타닉)
우라누스와 가이아의 자손들인 거인족(Titans)의 이름에서 유래. 가이아는 아들인 크로누스와 짜고 남편 우라누스를 거세했고, 결국 크로누스가 우주의 지배자가 됨. 그러나 크로누스 역시 부인 레아의 배신으로 아들 제우스에게 왕위를 물려주어야 했다. 빙하와 충돌해 바다에 침몰한 호화 여객선 '타이태닉호'는 그 엄청난 크기 때문에 그런 이름이 붙여졌었다.

3. 트로이의 목마(Trojan horse)
겉으로는 괜찮아 보이지만 실제로는 이 편을 해치거나 파멸에 이르게 하는 존재.
10년 동안 계속된 트로이 전쟁이 끝날 기미를 안 보이자 오디세우스를 비롯한 그리스 연합군 측은 거대한 목마를 만들어 트로이에 선물한 후 귀향길에 올랐다. 하지만 사실 그 목마 속에는 그리스 병사들이 숨어 있었고, 그리스 군은 근처 섬 뒤에 정박한 채 성문이 열리길 기다리고 있는 참이었다. 이 사실을 모른 트로이 군은 그리스군의 첩자인 시논의 말을 듣고 그 목마를 성 안에 들여놓았고, 밤이 깊은 후 목마에서 나온 그리스 병사들은 성문을 열고 연합군을 맞아들여 트로이를 패망시켰다.

English Korean

ultimate
[ʌ́ltəmit] 얼터미트   형 궁극의, 최후의

서울이 우리의 궁극적인 목적지이다.
Seoul is our ultimate destination.
서울 이스 아월 얼터미트 데스티네이션

umbrella
[ʌmbrélə] 엄브렐라   명 우산

우산을 깜빡했다.
I forgot my umbrella.
아이 포갓 마이 엄브렐라

uncle
[ʌ́ŋkl] 엉클   명 아저씨, 삼촌, 숙부

내 삼촌께서는 저번 달에 돌아가셨다.
My uncle passed away last month.
마이 엉클 페스드 어웨이 라스트 먼쓰

under
[ʌ́ndər] 언더   전 ~의 밑에, (나이,가격이)~아래인, ~한 상태인

고양이는 테이블 아래 숨어있다.
The cat is hiding under the table.
더 캣츠 하이딩 언더 더 테이블

understand
[ʌ̀ndərstǽnd] 언더스탠드   동 이해하다, 알아듣다

넌 내가 무슨 말을 하는지 이해하니?
Do you understand what I mean?
두 유 언더스탠드 왓 아이 민

316 English Graphics Grow-up Vocabulary

uniform

[júːnəfɔ̀ːrm] 유니폼 **명** 제복, 교복

그가 제복을 입은 모습은 멋졌다.
He looked great in his uniform.
히 룩드 그레이트 인 히스 유니폼

union

[júːnjən] 유니온 **명** 결합, 합동, 연합

그는 노동 조합의 회원이다.
He is a member of the labor union.
히 이스 어 멤버 오브 더 레이벌 유니온

unique

[juːníːk] 유니크 **형** 유일한, 독특한

모든 사람의 지문들은 유일하다.
Everyone's fingerprints are unique.
에브리원스 핑거프린츠 알 유니크

unit

[júːnit] 유닛 **명** 단위, 단일체

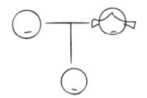

사회의 기본 단위는 가족이다.
The basic unit of society is the family.
더 베이직 유닛 오브 소싸이어티 이스 더 페밀리

unite

[júːnait] 유나이트 **동** 결합하다, 하나가 되다

기름과 물은 혼합되지 않는다.
Oil will not unite with water.
오일 윌 낫 유나이트 위드 워터

universe

[júːnəvə̀ːrs] 유니벌스 **명** 우주

우주는 무한하게 뻗어 있다.
The universe stretches away into infinity.
더 유니벌스 스트래치스 어웨이 인투 인피니티

U

★★★ university
[jùːnəvə́ːrsəti] 유니벌시티 **명** 대학교

그녀는 대학에서 강의를 한다.
She teaches at a university.
쉬 티취스 엣 어 유니벌시티

★★★ unless
[ənlés] 언레스 **접** ~이 아닌 한, ~하는 일 없이는

더 빨리 걷지 않으면 너는 늦을 것이다.
You will be late unless you walk more quickly.
유 윌 비 레잇 언레스 유 워크 몰 퀴클리

★★★ until
[əntíl] 언틸 **전** ~까지

난 잠들 때 까지 책을 읽었다.
I read a book until I fell asleep.
아이 레드 어 북 언틸 아 펠 어슬립

★★★ up
[ʌp] 업 **부** 위로, 위쪽으로

그는 산 위에 있다.
He is up in the mountain.
히 이즈 업 인 더 마운틴

★★★ upper
[ʌ́pər] 어펄 **형** 더 위의, 상위의

그 배는 강의 상류 지역에서부터 왔다.
The ship is from the upper reaches of the river.
더 쉽 이스 프롬 더 어펄 리치스 오브 더 리버

★★★ upset
[ʌpsét] 업셋 **동** 뒤엎다

컵을 엎지르지 말아라.
Don't upset the glass.
돈트 업셋 더 글래스

urban

[ə́ːrbən] 얼반　　**형** 도시의

그는 도시지역에서 산다.
He lives in an urban area.
히 리브스 인 언 얼반 에어리아

---

urge

[əːrdʒ] 얼지　　**동** 몰아대다, 자극시키다, 조언하다

그녀는 그에게 공부를 열심히 하라고 조언하였다.
She urged him to study hard.
쉬 얼지드 힘 투 스터디 하드

---

urgent

[ə́ːrdʒənt] 얼전트　　**형** 긴급한, 절박한

이 차는 긴급히 수리해야 한다.
This car is in urgent need of repair.
디스 카 이스 인 얼전트 니드 오브 리페어

---

use

[juːs] 유즈　　**동** ~을 사용하다, 쓰다

화장실을 사용해도 될까요?
May I use the bathroom?
메이 아이 유즈 더 베쓰룸

---

useful

[júːsfəl] 유스풀　　**형** 유용한, 쓸모 있는

컴퓨터들은 우리 생활에 유용한 것이다.
Computers are useful in our life.
컴퓨럴스 알 유스풀 인 아워 라이프

---

usual

[júːʒuəl] 유스얼　　**형** 보통의

그는 보통 때 보다 집에 늦게 왔다.
He came home later than usual.
히 케임 홈 레이터 덴 유스얼

English Korean

vacation
[veikéiʃən] 배케이션 **명** 방학, 휴가

방학이 너무 기다려진다.
I can't wait for the vacation.
아이 캔트 웨이트 포 더 배케이션

---

valley
[væli] 벨리 **명** 골짜기, 계곡

그 산골짜기는 매우 깊다.
The mountain valley is very deep.
더 아운틴 벨리 이스 베리 딥

---

valuable
[væljuəbl] 벨유어블 **형** 값비싼, 고가의

그는 값비싼 그림 수집품들을 가지고 있다.
He has a valuable collection of paintings.
히 헤스 어 벨유어블 컬랙션 오브 페인팅스

---

value
[vǽlju:] 벨류 **명** 가치, 가격

이 차는 만 달러의 현금 가치가 있습니다.
This car has a cash value of ten thousand dollars.
디스 카 해스 어 케쉬 벨류 오브 텐 다우전드 달러스

---

variety
[vəráiəti] 버라이어티 **명** 변화, 다양

컴퓨터는 다양한 방법으로 이용될 수 있다.
A computer can be used in a variety of ways.
어 컴퓨터 켄 비 유스드 인 어 버라이어티 오브 웨이스

320 English Graphics Grow-up Vocabulary

various

[vέ(:)əriəs] 베리어스   형 가지각색의, 다양한

거기에는 세계 각지에서 온 많은 사람들이 있다.
There are many people from various countries.
데얼 알 메니 피플 프롬 베리어스 컨트리스

vary

[vέ(:)əri] 베리   동 바꾸다, 바뀌다

그 가격은 환율에 따라 바뀐다.
The prices vary according to the current exchange.
더 프라이스 베리 어코딩 투 더 커렌트 익스체인지

vast

[væst] 베스트   형 광대한, 막대한

그는 어마어마한 식욕을 가지고 있다.
He has a vast appetite.
히 해스 어 베스트 에피타이트

vegetable

[védʒitəbl] 베지터블   명 채소, 야채

넌 많은 채소를 먹어야 한다.
You must eat lots of vegetables.
유 머스트 잇 랏즈 오브 베지터블스

vehicle

[víːikl] 비이클   명 탈것, 차

그는 그의 차를 찾고 있다.
He is looking for his vehicle.
히 이스 룩킹 포 히스 비이클

very

[véri] 베리   부 아주, 대단히

난 네가 정말 좋다.
I like you very much.
아이 라이크 유 베리 마치

via

[váiə] 비아   **전** ~을 경유하여

그 비행기는 뉴욕을 경유하여 보스턴으로 갔다.
The airplane went to Boston via New York.
디 에어플레인 웬트 투 보스턴 비아 뉴욕

victim

[víktim] 빅팀   **명** 희생자, 피해자

그녀는 싸움의 피해자이다.
She is the victim of the fighting.
쉬 이스 더 빅팀 오브 더 파이팅

victory

[víktəri] 빅토리   **명** 승리

한국 팀이 미국 팀을 상대로 승리를 거두었다.
The Korean team won a victory over the U.S. team.
더 코리안 팀 원 어 빅토리 오버 더 유에스 팀

video

[vídiòu] 비디오   **명** 비디오

비디오 게임은 재밌다.
Video games are fun.
비디오 게임즈 아 펀

view

[vju:] 뷰   **명** 보기, 전망

빌딩 꼭대기의 전망은 아름답다.
The view from the top of the building is beautiful.
더 뷰 프롬 더 탑 오브 더 빌딩 이스 뷰티풀

village

[vílidʒ] 빌리지   **명** 마을

그 마을은 멀다.
The village is far away.
더 빌리지 이즈 파 어웨이

violence

[váiələns] 바이올렌스 **명** 격렬, 폭력

그 게임에는 지나친 폭력이 있다.
There is too much violence in the game.
대얼 이스 투 머치 바이올렌스 인 더 게임

violent

[váiələnt] 바이올렌트 **형** 격렬한, 난폭한

두 남자 사이에 격렬한 싸움이 있었다.
There was violent fighting between two men.
대얼 워스 바이올렌트 파이팅 비트윈 투 멘

violin

[vàiəlín] 바이올린 **명** 바이올린

그는 바이올린을 연주한다.
He plays the violin.
히 플레이즈 더 바이올린

virtual

[və́ːrtʃuəl] 벌츄얼 **형** 실질적인, 가상의

그는 사실상의 독재자이다.
He is a virtual dictator.
히 이스 어 벌츄얼 딕테이터

virtue

[və́ːrtʃuː] 벌츄 **명** 덕, 미덕

참는 것이 미덕이다.
Patience is a virtue.
페이션스 이스 어 벌츄

vision

[víʒən] 비전 **명** 시력, 상상력

고양이들은 야간 시력이 좋다.
Cats have good night vision.
켓츠 헤브 굳 나잇 비전

visit

[vízit] 비지트 　 **동** 방문하다

난 여름마다 할머니 댁을 방문한다.
I visit my grandmother every summer.
아이 비지트 마이 　 그랜드마더 　 에브리 　 써머

visual

[víʒuəl] 비쥬얼 　 **형** 시각의

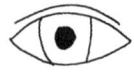

그는 시각 예술가이다.
He is a visual artist.
히 이스 어 비쥬얼 아티스트

volume

[válju:m] 볼륨 　 **명** (책의) 권, 용량, 음량

가스의 용량을 어떻게 측정하는가?
How do you measure the volume of a gas?
하우 두 유 　 메절 　 더 　 볼륨 오브 어 게스

voluntary

[váləntèri] 발론테리 　 **형** 자발적인

그녀는 자발적으로 적십자를 위해 일한다.
She does voluntary work for the Red Cross.
쉬 더스 　 발론테리 　 월크 포 더 레드 크로스

vote

[vout] 보트 　 **동** 투표하다

그녀는 대통령 선거에 투표를 하기에는 너무 어렸었다.
She was too young to vote in the presidential
쉬 워스 투 영 　 투 보트 인 더 프레지던셜
election.
일렉션

English Korean

wage
[weidʒ] 웨이쥐 **명** 임금

그의 임금은 일주일에 300달러이다.
His wages are $300 a week.
히스 웨이쥐스 알 쓰리헌드레드 달러 어 위크

---

waist
[weist] 웨이스트 **명** 허리

그녀는 가냘픈 허리를 가졌다.
She has a slim waist.
쉬 헤스 어 슬림 웨이스트

---

wait
[weit] 웨이트 **동** 기다리다

잠깐만 기다려봐
Wait a second.
웨이트 어 세컨드

---

wake
[weik] 웨이크 **동** 잠이 깨다, ~을 깨우다

난 매일 일찍 일어난다.
I wake up early every morning.
아이 웨이크 업 얼리 에브리 모닝

---

walk
[wɔːk] 워크 **명** 걷기, 산책 **동** 걷다

산책하러 가자.
Let's take a walk.
렛츠 테이크 어 워크

W

wall
[wɔːl] 월   **명** 벽, 담

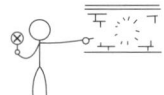

난 벽들의 색깔이 맘에 들지 않는다.
I don't like the color of the walls.
아이 돈트 라이크 더 컬러 오브 더 월즈

---

wander
[wɑ́ndər] 원덜   **동** 돌아다니다, 방황하다

그 아이는 공원에서 혼자 방황하다 발견되었다.
The child was found wandering the park alone.
더 차일드 워스 파운드 원더링 더 파크 어론

---

want
[wɑnt] 원트   **동** ~을 원하다, ~하고 싶다

난 음식이 먹고 싶다.
I want some food.
아이 원트 썸 푸드

---

war
[wɔːr] 월   **명** 전쟁

제1차 세계대전은 7월 28일에 시작되었다.
World War 1 began on July 28th.
월드 월 원 비건 언 줄라이 트웬티에이스

---

warm
[wɔːrm] 웜   **형** 따뜻한

안으로 오니 따듯하다.
It is warm inside.
잇 이즈 웜 인사이드

---

warn
[wɔːrn] 원   **동** 경고하다

우리는 사고가 나기 전에 그들에게 경고해야 한다.
We have to warn them before the accident.
위 해브 투 원 뎀 피로 더 엑시던트

326 English Graphics Grow-up Vocabulary

wash
[wɑʃ] 워시   동 ~을 씻다

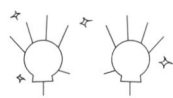

네 손을 씻어라
Wash your hands.
워시 유어 핸즈

waste
[weist] 웨이스트   동 낭비하다, 허비하다

음식을 낭비하지 말아라.
Do not waste the food.
두 낫 웨이스트 더 푸드

watch
[wɑtʃ] 와치   동 지켜보다, 구경하다 명 손목시계

신호를 지켜 보아라
Watch for a signal.
워치 포 어 시그널

water
[wɔ́:tər] 워터   명 물

난 내 물병을 잃어 버렸다.
I lost my water bottle.
아이 로스트 마이 워터 바틀

wave
[weiv] 웨이브   명 파도 동 흔들다

바람이 연못에 파도를 만들었다.
The wind made waves on the pond.
더 윈드 메이드 웨이브스 언 더 폰드

way
[wei] 웨이   명 길, 도로, 방법, 방식

난 거기로 가는 길을 모른다.
I don't know the way to get there.
아이 돈트 노 더 웨이 투 겟 데어

we
[wi; wi:] 위 **대** 우리

우리는 같은 반이다.
We are in the same class.
위 아 인 더 세임 클래스

---

weak
[wi:k] 위크 **형** 약한, 힘없는, 허약한

오늘 정말 힘이 없었다.
I felt very weak today.
아이 펠트 베리 위크 투데이

---

wealth
[welθ] 웰스 **명** 자원, 재산

건강은 재산보다 중요하다.
Health is more important than wealth.
헬스 이스 모어 임폴턴트 댄 웰스

---

weapon
[wépən] 웨폰 **명** 무기

무기를 버려라!
Put down your weapon!
풋 다운 유얼 웨폰

---

wear
[wɛər] 웨어 **동** (옷을)입다

난 그 코트를 입고 싶다.
I'd like to wear the coat.
아이드 라이크 투 웨어 더 코트

---

weather
[wéðər] 웨더 **명** 날씨, 기후

날씨가 참 좋다.
What a wonderful weather.
왓 어 원더풀 웨더

wedding

[wédiŋ] 웨딩   **명** 결혼식

오늘은 우리의 결혼 기념일이다.
Today is our wedding anniversary.
투데이 이즈 아월   웨딩   애니벌서리

week

[wi:k] 위크   **명** 주, 1주일

방학까지 일주일이 남았다.
The vacation is one week away.
더   베케이션 이즈 원   위크   어웨이

weekend

[wí:kènd] 위켄드   **명** 주말

그의 주말은 금요일 저녁부터 시작한다.
His weekend starts from Friday evening.
히스   위켄드   스탈스 프롬 프라이데이   이브닝

weep

[wi:p] 위프   **동** 울다

그녀는 제어할 수 없이 울기 시작했다.
She started to weep uncontrollably.
쉬 스타티드 투 위프   언컨트롤러블리

weigh

[wei] 웨이   **동** 무게를 재다, 심사숙고하다

그녀는 체중계 위에서 매일 자신의 무게를 잰다.
She weighs herself everyday on the scales.
쉬   웨이스   헐쎌프   에브리데이 언 더 스케일스

welcome

[wélkəm] 웰컴   **동** 환영하다

천만해요.
You're welcome.
유아   웰컴

welfare

[wélfɛ̀ər] 웰페어　　**명** 복지, 복리

우리 할머니는 복지 수당을 받고 있다.
My grandma is on welfare.
마이　그랜드마　이스　언　웰페어

---

well

[wel] 웰　　**부** 잘, 훌륭하게

넌 정말 잘 해냈어.
You did really well.
유　디드　릴리　웰

---

west

[west] 웨스트　　**명** 서쪽

우리는 서쪽으로 가야 한다.
We have to go west.
위　해브　투　고　웨스트

---

western

[wéstərn] 웨스턴　　**형** 서쪽의, 서양의

그는 서양식 음식을 좋아한다.
He likes western style food.
히　라익스　웨스턴　스타일　푸드

---

wet

[wet] 웻　　**형** 젖은

나의 옷들이 젖었다.
My clothes are wet.
마이　클로즈　아　웻

---

what

[hwʌt] 왓　　**대** 무엇, 무슨

뭐하니?
What are you doing?
왓　아　유　두잉

★★★ whatever

[*hw*ʌtévər] 왓에버   **대** 무엇이든지

네가 원하는 무엇이든지 먹을 수 있다.
You can eat whatever you want.
유 캔 잇 왓에버 유 원트

★★★ wheel

[*hw*iːl] 윌   **명** 바퀴, 핸들

핸들에서 손을 때지 말아라.
Keep your hands on the wheel
킵 유얼 핸스 언 더 윌

★★★ when

[*hw*en] 웬   **부** ~할 때, 언제

언제 가니?
When are you going?
웬 아 유 고잉

★★★ whenever

[*hw*enévər] 웬에버   **접** 언제라도

우리 집에 언제라도 오거라.
Come to my house whenever you can.
컴 투 마이 하우스 웬에버 유 캔

★★★ where

[*hw*ɛər] 웨어   **부** 곳, 어디에

어디 가니?
Where are you going?
웨어 아 유 고잉

★★★ whereas

[*hw*ɛəræz] 웨얼에스   **접** ~에 반하여

그녀는 분명 30대일 것이다. 그에 반하여 그녀의 남편은 20대로 보인다.
She must be about thirty, whereas her husband
쉬 머스트 비 어바웃 써티 웨얼에스 헐 허스밴드
looks about twenty.
룩스 어바웃 트웬티

whether

[*h*wéðər] 웨덜   접 인지 어떤지, 이든지 아니든지

그녀가 집에 있는지 사무실에 있는지 나는 모른다.
I don't know whether she is at the office or at
아이 돈트 노우 웨덜 쉬 이스 엣 디 오피스 올 엣
home.
홈

---

which

[*h*witʃ] 위치   대 어느 것, 어느~

어느 것이 더 좋니?
Which do you like better?
위치 두 유 라이크 베터

---

while

[*h*wail] 와일   접 ~하는 동안

네가 게임을 하는 동안에 나는 숙제를 끝냈다.
I finished my homework while you were
아이 피니쉬드 마이 홈워크 와일 유 월
playing a game.
플레잉 어 게임

---

whisper

[*h*wíspər] 위스펄   동 속삭이다

둘이서 무엇을 속삭이느냐?
What are you two whispering about?
왓 알 유 튜 위스퍼링 어바웃

---

whistle

[*h*wísl] 위슬   명 휘파람, 호각

심판이 경기를 중단시키기 위해 호각을 불었다
The referee blew the whistle to stop the game.
더 레퍼리 블루 더 휘슬 투 스탑 더 게임

---

white

[*h*wait] 와잇   형 흰색의

그녀의 이는 정말 하얗다.
Her teeth are very white.
헐 티쓰 아 베리 와잇

who

[hu:] 후   **대** 누구

누구야?
Who are you?
후 아 유

whole

[houl] 홀   **형** 전체의, 완전한

그 아이가 파이를 모두 먹었다.
The child ate the whole pie.
더 차일드 에잇 더 홀 파이

why

[hwai] 와이   **부** 왜, 어째서

왜 이러는 거야?
Why are you doing this?
와이 알 유 두잉 디스

wide

[waid] 와이드   **형** 폭이 넓은

눈을 크게 떠봐
Make your eyes wide open.
메이크 유어 아이즈 와이드 오픈

widespread

[wáidspréd] 와이드스프레드   **형** 널리 퍼진, 일반적인

태풍이 광범위한 피해를 입혔다.
The typhoon caused widespread damage.
더 타이푼 커스드 와이드스프레드 데미지

wild

[waild] 와일드   **형** 야생의

우리는 야생에서 캠핑을 하고 있다.
We are camping in the wild.
위 알 캠핑 인 더 와일드

will
[wəl, wil] 월   조 ~일 것이다, ~하겠다

내가 할게.
I will do it.
아이 윌 두 잇

willing
[wíliŋ] 윌링   형 기꺼이 ~하는

당신을 위해서 무엇이든 기꺼이 합니다.
I am willing to do anything for you.
아이 엠 윌링 투 두 에니띵 포 유

win
[win] 윈   동 이기다

난 항상 이 게임을 이긴다.
I always win this game.
아이 올웨이즈 윈 디스 게임

wind
[wind] 윈드   명 바람 동 ~을 감다

바람이 불고 있다.
The wind is blowing.
더 윈드 이즈 블로윙

window
[wíndou] 윈도우   명 창문

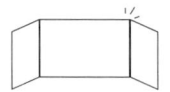

창문을 열자
Let's open the window.
렛츠 오픈 더 윈도우

wine
[wain] 와인   명 포도주

저는 적포도주를 마시겠습니다.
I will have a red wine.
아이 윌 해브 어 레드 와인

wing

[wiŋ] 윙   **명** 날개

그는 닭 날개 튀김을 좋아한다.
He likes fried chicken wings.
히 라익스 프라이드 치킨 윙스

---

winter

[wíntər] 윈터   **명** 겨울

서울의 겨울은 춥다.
Seoul's winter is freezing.
서울스 윈터 이즈 프리징

---

wire

[waiər] 와이어   **명** 철사, 전선

그는 철사를 구부려서 반지로 만들고 있다.
He is bending a piece of wire into a ring.
히 이스 벤딩 어 피스 오브 와이어 인투 어 링

---

wise

[waiz] 와이스   **형** 슬기로운

난 네가 슬기로운 결정을 하지 않은 것 같다.
I don't think you made a wise choice.
아이 돈 씽크 유 메이드 어 와이스 초이스

---

with

[wið] 위드   **전** ~와 함께, ~으로, ~을 써서

난 친구들과 캠핑을 갔다.
I went camping with friends.
아이 웬 캠핑 위드 프렌즈

---

within

[wiðín] 위드인   **전** 안에, ~이내에

당신은 40분 안에 피자를 받을 것이다.
You will receive a pizza within 40 minutes.
유 윌 리씨브 어 피자 위드인 포티 미닛츠

without

[wiðáut] 위드아웃   **전** ~이 없이, ~이 없으면

그는 지갑이 없이 나갔다.
He went without a wallet.
히 웬트 위드아웃 어 월렛

witness

[wítnis] 윗니스   **명** 목격자, 증인, 증거

재판관이 증인을 불렀다.
The judge called a witness.
더 저지 콜드 어 윗니스

woman

[wúmən] 워먼   **명** 여자, 여성

나의 어머니는 강한 여성이다.
My mother is a strong woman.
마이 마더 이즈 어 스트롱 워먼

wonder

[wʌ́ndər] 원더   **명** 놀랄 만한 일 **통** 궁금해하다

난 무슨 일이 일어났는지 궁금하다.
I wonder what's happened.
아이 원더 왓츠 해픈드

wood

[wud] 우드   **명** 목재, 재목

이 식탁은 목재로 만들어졌다.
The table is made of wood.
더 테이블 이즈 메이드 오브 우드

wooden

[wúdən] 우든   **형** 나무로 된, 나무의

소년이 나무 칼을 가지고 있다.
The boy has a wooden sword.
더 보이 해스 어 우든 스워드

wool
[wul] 울 **명** 양모, 털실, 모직물

이 스카프는 100% 울이다.
This scarf is 100% wool.
디스 스카프 이스 원헌드레드 펄센트 울

word
[wə:rd] 워드 **명** 단어, 낱말

난 이 단어들을 외워야 한다.
I have to memorize the words.
아이 헤브 투 메모라이즈 더 워즈

work
[wə:rk] 워크 **명** 일 **동** 일하다, 근무하다

난 시청에서 근무한다.
I work at the city hall.
아이 워크 엣 더 시티 홀

world
[wə:rld] 월드 **명** 세계, 세상

나는 세계를 여행하고 싶다.
I want to travel the world.
아이 원 투 트래블 더 월드

worship
[wɔ́:rʃip] 월쉽 **명** 예배, 숭배

교회는 예배하는 장소이다.
The church is a place of worship.
더 철치 이스 어 플레스 오브 월쉽

worth
[wə:rθ] 월스 **형** ~의 가치가 있는

이 시계는 100달러의 가치가 있다.
This watch is worth about $100.
디스 왓치 이스 월스 어바웃 헌드레드 달러스

wound
[wu:nd; waund] 운드 **명** 상처, 부상

내 상처에 딱지가 생겼다.
My wound has skinned over.
마이 운드 해스 스킨드 오버

---

wrap
[ræp] 뢥 **동** 싸다, 두르다, 가리다

그녀는 선물을 싸고 있다.
She is wrapping the presents.
쉬 이스 뢥핑 더 프레즌츠

---

wrist
[rist] 뤼스트 **명** 손목

당신의 손목이 아프십니까?
Does your wrist hurt?
더스 유얼 뤼스트 헐트

---

write
[rait] 롸잇 **동** 쓰다

나는 내 일기장에 모든 것을 쓴다.
I write everything in my diary.
아이 롸잇 에브리띵 인 마이 다이어리

---

wrong
[rɔ(:)ŋ] 롱 **형** 나쁜, 잘못된, 틀린

내가 잘못 알고 있었다.
I got it wrong.
아이 갓 잇 롱

English Korean

X mas
[éksməs] 엑스마스,크리스마스 **명** Christmas의 축약형

난 크리스마스 때 새 장난감을 받았다.
I got a new toy for Xmas.
아이 갓 어 뉴 토이 포 크리스마스

xylophone
[záiləfòun] 자일로폰 **명** 실로폰

나는 실로폰이 좋다.
I like xylophones.
아이 라이크 자일로폰스

인생이란 다 그런 거야.

That's life. 뎃츠 라이프
Such is life. 서치 이즈 라이프
That's the way it goes. 뎃츠 더 웨이 잇 고우즈
That's the way it is. 뎃츠 더 웨이 잇 이즈
That's the way the cookie crumbles. 뎃츠 더 웨이 더 쿠키 크럼블즈
That's the way the mop flops. 뎃츠 더 웨이 더 모프 플로롭스

English Korean

yard
[jɑːrd] 야드   명 마당, 야드

아이들이 마당에서 놀고 있었다.
The children were playing in the yard.
더 칠드런 월 플레잉 인 더 야드

---

yeah
[jɛə] 예   부 네

네, 알아요.
Yeah, I know.
예 아이 노

---

year
[jiər] 이어   명 해, 년, (나이) ~살

새해 파티는 재미있었다.
The New Year's party was fun.
더 뉴 이어스 파티 워즈 펀

---

yellow
[jélou] 옐로우   명 노란색 형 노란색의

이 꽃은 노랑색이다.
This flower is yellow.
디스 플라워 이즈 옐로우

---

yes
[jes] 예스   부 네, 그렇습니다

네, 물론이지
Yes, of course.
예스 오브 코스

---

340 English Graphics Grow-up Vocabulary

yesterday

[jéstərdi] 예스터데이　**명** 어제

나는 어제 돌아왔습니다.
I came back yesterday.
아이 케임　백　예스터데이

yet

[jet] 옛　**부** 아직, 벌써

아직 끝내지 못했다.
I haven't done it yet.
아이 해븐트　던　잇 옛

yield

[ji:ld] 일드　**동** 수확하다, 산출하다

그에게는 과일을 수확하지 못하는 나무가 있다.
He has a tree that no longer yields fruit.
히 해스 어 트리 댓 노 롱거 일드 프룻

you

[ju] 유　**대** 너, 너희들, 당신(들), (일반적으로)사람들

넌 할 수 있어.
You can do it.
유 캔 두 잇

young

[jʌŋ] 영　**형** 젊은, 어린

그 남자아이는 어리다.
The boy is young.
더 보이 이즈 영

youth

[ju:θ] 유스　**명** 젊음, 청년

그녀는 청년에 공부하지 않고 놀았던 것을 후회한다.
She regrets that she spent her youth playing
쉬 리그렛츠 댓 쉬 스펜트 헐 유스 플레잉
and not studying.
앤드 낫 스터딩

English Korean Z

zero
[zí(:)ərou] 지어로   **명** 영(0) **형** 영의

영은 내가 가장 좋아하는 숫자이다.
Zero is my favorite number.
지어로 이즈 마이 페이보릿 넘버

zoo
[zu:] 쥬   **명** 동물원

나는 아빠와 함께 동물원에 갔다.
I went to the zoo with my dad.
아이 웬트 투 더 쥬 위드 마이 대드

자동차 이름으로 알아보는 영어

1. **아토즈(ATOZ)** :
   알파벳 A에서 Z까지라는 뜻

2. **쏘나타(SONATA)** :
   피아노 독주곡 4악장 형식의 악곡을 뜻하는 말.

3. **티뷰론(Tiburon)** :
   스페인어로 '상어'를 의미하며 고성능 스포츠카라는 점을 부각시키기 위한 의도.

4. **그랜저(GRANDEUR)** :
   '웅장', '장엄', '위대함' 이라는 뜻을 지닌 영어.
   후속 모델에 붙은 XG의 경우 'Extra Glory'의 줄임말로 최고의 영광을 의미.

5. **에쿠스(EQUUS)** :
   라틴어로 '개선장군의 말', '멋진 마차'를 뜻하며 영어로는 '세계적으로 독특한 독창적인 명품자동차를 의미한다.

6. **싼타모(SANTAMO)** :
   Safety and Talented Motor (안전하고 성능 좋은 모터를 의미)

MP3 파일을 오디오 CD에 담는 방법

MP3플레이어가 없는 경우 또는 카 오디오나 CDP, 오디오 기기에서 네이티브의 생생한 발음을 듣고 싶을 때는 이 책과 함께 제공되는 MP3파일을 오디오 CD로 다음과 같이 변환해서 들어 봅시다. Nero 같은 버닝 프로그램을 사용할 수도 있지만 여기서는 윈도우에 들어 있는 윈도우미디어플레이어로 만드는 과정을 소개하겠습니다.

준비할 것

➜ CD-RW, DVD-RW롬이 장착되어 있는 컴퓨터
　공 CD-R (CD-RW나 DVD-RW라고 표기된 공CD는 오디오 CD로 만들 수 없어요.)

윈도우 미디어 플레이어로 오디오 CD 만들기

1. 윈도우 미디어 플레이어를 실행한 다음, **파일 ⇨ 미디어 라이브러리에 추가 ⇨ 파일 추가**를 선택합니다.

2. '열기' 대화상자가 열리게 되면 만들 MP3 파일을 선택한 뒤 **열기 단추**를 누릅니다. 여러 개의 파일을 선택하려면 Ctrl 글쇠를 누른 채 파일을 선택하면 됩니다.

3. 윈도우 미디어 플레이어의 왼쪽 작업 창에 있는 미디어 라이브러리 단추를 누르면 멀티미디어 파일들을 구분해 놓은 작업 창이 열리는 데 여기서 **오디오 ⇨ 모든 오디오**를 클릭하면 앞의 과정에서 선택한 파일들이 보여집니다.

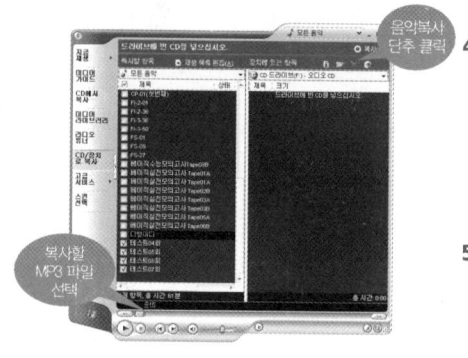

4. 왼쪽 작업 창의 CD / 장치로 복사 단추를 누르고 복사할 음악 목록에서 모든 오디오를 클릭하십시오. 그런 다음 오디오 CD로 만들 MP3 파일을 선택하십시오.

5. 공 CD를 CD-RW, DVD-RW 롬에 넣고 **음악 복사** 단추를 누르면 차례로 선택한 MP3 파일이 오디오 CD에 맞게 변환되면서 복사됩니다.

주의 사항 CD-RW, DVD-RW롬의 쓰기 속도를 1배속이나 2배속으로 해놓으세요. 고속으로 복사하면 만들어진 오디오 CD가 잘 작동하지 않을 수 있어요.